꼬인 관계를 풀어주는
에니어그램 관계 수업

꼬인 관계를
풀어주는

에니어그램
관계 수업

고재석 지음

매일경제신문사

어디서부터 우리 관계가
꼬여버린 것일까?

꽤 오래전 일이다. 한 교회에서 연락이 왔다. 제출한 이력서와 자기소개서를 잘 살펴보았다며 면접에 오라고 연락을 받았다. 그 교회는 예배당을 크게 지어서 예배드리는 것이 아니라, 주변 학교 강당에서 주일예배를 드리는 교회였다. 당시 많은 교회가 예배당을 크게 지어 위세를 자랑하는 때였다. 그런데 이 교회는 자신들의 편의나 위신보다 이웃을 돕고 선교하는 일에 더 힘쓰고 있었다. 교회 본연의 역할에 더 충실하려는 모습이 나에게 감동을 주었고, 그래서 지원했다.

교회 사무실에 찾아가니 작은 사무실에 4명이 옹기종기 모여 사무를 보고 있었다. 담임목사님 목양실은 내가 여태껏 보아온 그 어떤 목양실보다 작았다. 작은 책상 하나에 작은 2인용 소파만 있었다. 소탈하고 검소한 모습에 감명을 받았다. 담임목사님께서는 나의 독특한 이력을 보고 만나고 싶었다고 하셨다.

당시 나는 '공동체만이 희망이다'라는 생각을 가지고, 어릴 적 교회 친구들과 함께 공동체 실험을 하고 있었다. '한 지붕, 세 가족'으로 어른 6명에 아이들 5명, 이렇게 11명이 한집에서 생활했다. 한 달에 일정 수입을 모아 공동경비로 사용했다. 돌아가면서 식사를 준비하고 함께 육아를 했다. 그 외에도 다양한 교육을 받기도 하고 여러 실험을 했다.

면접을 볼 때, 담임목사님께서 그런 진취적이고 실험적인 도전을 통해 무엇을 배웠느냐고 물어보셨다. 나는 솔직히 답했다.

"삶의 정답을 찾기 위해 열심히 찾아다녔습니다. 여러 교육기관에서 배우고 또 실험하며 도전했습니다. 그런데 결국 돌고 돌아서 깨달은 것이 있습니다. 인생의 답은 어디로 가거나, 무엇을 해서 얻거나 만족할 수 없다는 것을 말이죠. 결국, 밖이 아니라 내면의 문제임을 알았습니다. 삶의 문제는 내 안에서 답을 찾을 수 있고, 그래야 만족할 수 있음을 깨달았습니다."

그렇다. 우리 인생은 외면과 내면을 함께 완성해가는 여정이다. 그런데 보이는 것만을 쫓다 보면 보이지 않는 것을 잊게 된다. 에니어그램은 내면으로 향하는 길을 안내해준다. 나다움을 찾는 여정에 도움을 준다. 더 나아가, 상대를 있는 그대로 바라봐 줄 수 있도록 도와준다. 있는 그대로 본다는 것은 밖이 아니라 안을 볼 수 있다는 것이다. 상대의 내면을 볼 수 있을 때라야 상대를 이해할 수 있게 된다.

어디서부터 우리 관계가 꼬여버린 것일까? 그것은 상대의 내면이 아니라 보이는 모습만 보고 판단해서가 아닐까? 내가 그랬던 것처럼 여러분도 에니어그램을 통해 자신과 타인의 내면을 들여다봄으로써 관계의 꼬인 문제들을 풀어나가기를 바란다.

책의 구성은 1장에서 관계의 어려움을 겪는 이유와 원인에 대해서 다루었고, 2장은 에니어그램을 통한 관계 개선 사례를 넣었다. 3장은 에니어그램 유형별로 일반적인 성격과 어린 시절, 보통일 때, 성숙할 때, 그리고 미성숙할 때 모습을 비교할 수 있도록 실었다.

4장에서는 유형별로 관계가 꼬이는 이유와 대처 방법을 다루었고, 5장은 종합적인 결론으로 에니어그램을 통한 관계의식의 성장을 다루었다. 부록으로 에니어그램 진단을 할 수 있도록 약식 진단 테스트를 넣었다.

이 책이 세상에 나올 수 있도록 도움을 주신 매경출판, ㈜두드림미디어 한성주 사장님, 그리고 최윤경 편집장님께 감사의 마음을 전한다.

에니어그램을 통해 영성의 길로 인도해주신 이병창 목사님과 책을 쓸 수 있도록 격려해주고 끝까지 도와주신 김태광 코치님께 고마움의 마음을 전한다.

세상에서 가장 존경하는 아버지, 사랑하는 엄마. 두 분의 끝없는 헌신과 사랑에 감사의 마음을 전한다.

마지막으로 책이 나오기까지 배려해준 가족. 홀로 육아하며 고생했을 '세상에서 가장 아름다운 미소를 가진' 사랑스러운 아내 연진, '호기심쟁이' 예쁜 딸 은서, '아빠 바라기' 멋진 아들 은찬. 그대들이 곁에 있음이 내가 사는 존재의 이유임을 밝히며 사랑을 전한다.

그리고 사랑하는 나, 고재석. 수고했어. 멋지게 잘 살아주어서 고마워. 앞으로도 너의 삶을 기대할게. 나는 나를 사랑한다.

따뜻한 햇볕과 밝은 별이 빛나는 숲속 마을에서
고재석

목차

ENNEAGRAM

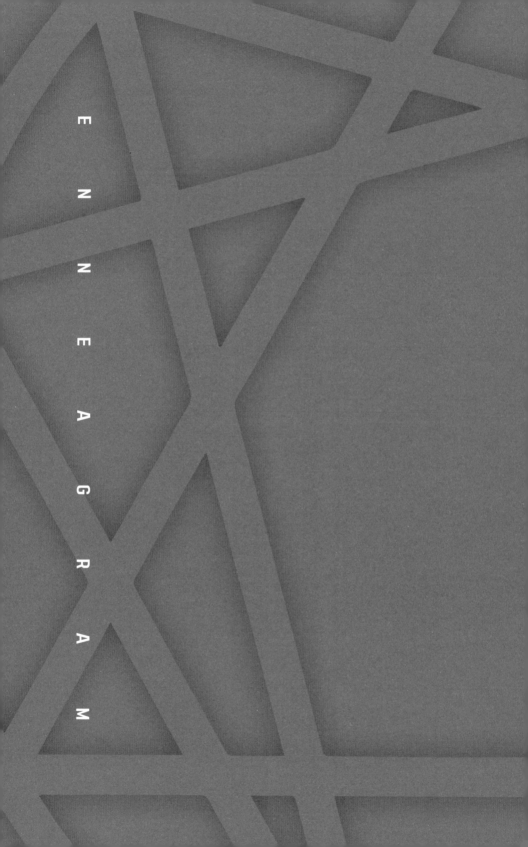

E
N
N
E
A
G
R
A
M

1장

나는 왜
관계가 힘들까?

ENNEAGRAM

가까이할수록 상처받는 이유

지난 2년간 '코로나'라는 힘든 시간을 보냈다. 특히 사회적 거리
두기로 인해 가까운 친구들뿐만 아니라 부모와 자식 간에도 서로
만나기를 조심했다. 추석 연휴 때 일이다. 지방에서는 아래와 같은
현수막을 거는 웃지 못할 상황들이 연출되었다.

"아범아, 추석에 코로나 몰고 오지 말고, 용돈만 보내거라."

"얘들아, 이번 벌초는 아부지가 한다. 너희는 오지 말고 편히 쉬
어라잉."

"아들아, 며느리야! 이번 추석에는 고향에 안 와도 된당께."

"불효자는 '옵'니다."

"어머니, 아버지. 고향 안 가는 게 진짜 효도래요."

정말 한 번도 겪어보지 못한 일들을 함께 겪었다. 그전까지 명절에는 부모님을 찾아뵙고, 형제들과 함께하는 것이 당연했다. 하지만 이제는 당연한 것들이 당연하지 못한 시절이 되었다. 코로나 상황에서는 부모와 자식 간에도 거리두기가 필요했다.

이처럼 상황에 따라 거리두기가 반드시 필요할 때가 있다. 관계에서도 마찬가지다. 상황에 따라, 사람에 따라 거리두기가 필요한 때가 있다.

함께하면 기분 좋은 사람이 있다. 이야기를 나눌수록 즐거워지는 사람이다. 가지고 있던 고민까지 술술 이야기하게 되는 사람이다. 무거웠던 마음으로 왔다가도 대화하다 보면 마음을 한결 가볍게 만들어주는 그런 사람이다.

반대로 함께하면 기분이 나빠지는 사람도 있다. 이야기를 나눌수록 어색해지고 분위기를 무겁게 만드는 사람이다. 좋은 기분으로 만났다가도 돌아갈 때면 기분이 나빠지는 그런 사람이다.

이렇듯 누구에게나 함께할 때 잘 맞는 사람이 있는가 하면, 잘 맞지 않는 사람도 있다. 우리는 이것을 인정해야 한다. 이 책을 읽고 있는 독자 여러분은 혹시 관계를 맺는 모두와 다 잘 지낼 수 있다는 욕심을 가지고 있지는 않은가?

우리는 어려서부터 주위 어른들에게 이런 말을 자주 들으며 자랐다.

"사이좋게 잘 지내거라."

"싸우지 말거라."

하지만 이는 모든 상황에 적용하기는 어렵다. 상황에 맞게, 사람에 맞게 적용해야 한다. 물론 싸우지 않고 지내는 것이 좋다. 하지만 살다 보면 상황에 따라 싸워야 할 때도 있지 않은가. 마찬가지로, 사람의 성격에 따라 거리를 두어야 하는 사람도 있다.

그런데 종교기관에서의 교육은 마치 상대를 모두 품을 수 있는 것처럼 가르치곤 한다. '네 이웃을 네 몸같이 사랑하라'와 같은 구절로 타인의 모든 것을 품으라고 말한다. 정말 남을 자신과 같이 사랑할 수 있을까? 이 말은 타인의 모든 것을 받아들이라는 뜻일까?

이 구절을 자세히 보면 네 이웃을 사랑하는 데 '네 몸'같이 하라고 한다. 바로 '자신의 몸'과 같이 사랑하라고 한다. 이때, 무엇이 먼저일까? 바로 '나'를 사랑하는 것이 먼저다. 관계에 있어서 이 구절은 참으로 맞다. '나'를 먼저 사랑해야 한다. 내가 상처받지 않는 것이 먼저다. 자신이 상대를 대할 때 얼마만큼 받아들일 수 있는지, 어느 정도의 거리를 두어야 하는지 아는 것이 먼저다. 그것이 중요하다.

예전에 나는 나와 맞지 않는 사람이 있을 때면 나를 낮추고 희생해서 상대에게 다가가려 했다. 어린 시절부터 교회에서 자란 영향이다. 교회에서 남보다 나를 더 낮게 여기라고 배워왔기에 관계에 있어서 나를 더 낮추고 들어갔다. 그런데 그때마다 나는 상처를 입었다. 그리고 관계는 더욱 어그러졌다. 아무리 기도를 해보아도 관계는 나아지지 않았다.

기도의 문제일까? 그것보다는 내 사고의 문제였다. 모두와 가까워질 수 있다고 생각한 것이 잘못이었다. 모두를 품어야 한다는 생각이 그렇게 이끌었다. 그렇게 몇 번의 상처를 겪은 후, 나는 내가 그들을 다 품을 수 없는 존재임을 깨달았다. 그 이후부터 더 이상 나를 희생하며 타인에게 다가가지 않는다. 상대에 따라서 거리를 두게 되었다. 그렇게 나 자신의 깜냥을 받아들이게 되었다. 모두를 품으려는 욕심을 내려놓았다. 신기한 것은 그때부터 오히려 관계가 더 잘 풀리게 되었다는 것이다.

우리는 관계에 있어서 늘 기억해야 한다. 누구나 자신과 기본적으로 안 맞는 사람이 있다. 이것을 겸손히 받아들여야 한다. 나에게도 어떤 유형의 사람들은 특히나 대하기가 힘들다. 하지만 이 때문에 좌절하지 않는다. 당연한 일이기 때문이다. 누구에게나 해당하는 사실이다.

예수께서도 모든 관계가 완벽하지는 않으셨다. 열두 제자 중 가룟 유다는 직접 예수를 팔았고, 수제자였던 베드로도 스승을 저주하지 않았던가. 예수조차도 완벽하지 못한 것을 우리가 하려고 하지 말자. 자신과 잘 맞는 사람과의 관계야 괜찮겠지만, 모두를 품으려다 오히려 더 상처뿐인 관계가 되는 것을 많이 보았다.

우리 같은 평범함 사람들은 자신의 깜냥을 인정하고 관계에서 지혜롭게 거리를 두어야 한다. 그렇게 거리를 둘 때, 오히려 관계는 좋아지게 된다.

코로나 팬데믹이 한창일 때, 교회에 한 집사님이 상담을 오셨다가 했던 말이 잊히지 않는다.

"집사님, 요즘 아이들 학교도 못 보내고 집에만 데리고 있느라 힘드시죠?"

"네. 아이들이 학교에 안 가니 집 안에서 지지고 볶고 있네요. 부모와 자식 간이라도 거리두기가 안 되니 힘들어 죽겠어요."

그렇다. 한집에 사는 가족끼리도 거리두기가 필요한 것이다. 아무리 '고슴도치도 제 자식이 예쁘다'라고 하지만, 거리두기가 제대로 되지 않을 때는 서로의 가시에 찔려 아프게 되는 것이다. 서로의 가시가 있음을 받아들이자. 그것을 쿨하게 인정할 때, 거리두기가

가능하다. 거리두기가 가능할 때 관계의 여유가 생기고 숨통이 트
일 수 있다.

내려놓으라. 모두를 품을 수 있다는 생각을!

관계에서 가장 중요한 것은 배려가 아니다

"관계에서 가장 중요한 것은 무엇일까?"

어떤 사람은 '신뢰'가 가장 중요하다고 한다. 다른 사람은 '공감'이 더 중요하다고 한다. 또 다른 사람은 '대화'처럼 관계에서 중요한 것이 없다고 한다. 이처럼 관계에서 중요한 것은 여러 가지를 뽑을 수 있다. 하지만 관계에서 가장 중요한 것을 하나 뽑아보자면 '배려'라고 할 수 있겠다.

배려의 사전적 정의는 '도와주거나 보살펴주려고 마음을 씀'이라고 되어 있다. 이처럼 서로 간에 도움을 주고 보살펴주려고 마음을 쓰는 관계는 참으로 좋은 관계일 것이다. 여기서 중요한 것은 '마음을 쓰는 관계'다. 관계에 정말 도움이 되는 마음 씀이란 어떤 것일까?

"너, 아빠 말 안 들을 거야? 아빠 이제 출근해야 한다고! 빨리 좀 준비해! 더 이상은 못 기다려!"

나는 우락부락 신경질을 내고, 첫째 아이는 화내는 아빠 모습에 놀라서 울음을 터뜨린다. 우는 아이의 모습에 마음이 아프지만 출근 시간에 늦지 않기 위해 어쩔 수 없이 아이를 제대로 달래주지 못하고 학교에 보낸다. 첫째 아이가 초등학교 저학년일 때 등교시키면서 자주 겪던 일이다.

고학년이 된 지금은 등교 시간 30분 전이면 준비를 다 마치고 스스로 학교에 잘 가는 예쁜 딸이 되었다. 하지만 당시에 아이를 제시간에 맞추어 학교에 보내기가 정말 힘들었다. 나중에는 도저히 안될 것 같아서 둘째 아이를 먼저 보내고, 다시 돌아와 한참을 기다린 후, 다시 첫째 아이를 학교에 보내기도 했다. 그렇게 두 번씩 등교시킬 때도 이와 같은 상황이 반복되었고, 아이가 울면서 학교에 가는 경우가 태반이었다. 우는 아이를 제대로 달래주지 못하고 학교에 보내고 나면, 내 마음도 편치 않아 온종일 기분이 좋지 않았다.

하루는 마음을 먹고 아이에게 다가가 아빠의 사정을 차근차근 말했다.

"은서야, 은서도 학교에 가지만 아빠도 회사에 늦지 않고 가야 하거든. 그래서 어쩔 수 없이 은서에게 화를 낸 거야. 아빠가 소리 지르고, 화를 낸 건 미안해."

이렇게 사과하고 이해시킨다. 첫째 아이의 속상한 마음을 달래보려고 말한 것이다. 하지만 상황을 설명하고 사과하지만, 아이의 마음은 크게 달래지지 않았다. 나중에서야 알았지만, 이럴 때는 아이의 마음을 먼저 물어봐주어야 한다.

"아까 아빠가 은서한테 화내면서 소리쳤을 때 마음이 어땠어?"

이렇게 아이의 마음을 물어봐주어야만 아이는 상처받은 감정을 드러낸다. 그리고 자신의 감정을 표현하면서 속상했던 마음이 치유되기 시작한다. 제대로 된 사과는 이 이후에야 가능하다. 이렇게 아이의 마음을 물어봐줄 때, 아이와 부모 간에 신뢰가 형성된다. '아빠가 화를 냈지만 여전히 나를 사랑하고, 나의 마음을 이해해주는구나' 하고 생각하게 된다.

심리학에서는 이렇게 상대의 마음을 물어보는 것을 '정신화(mentalizing)'라고 하는데, 정신의학자 문요한 선생은 이를 '마음 헤아리기'로 해석한다. 나는 이 해석이 참 좋다. 부모에게 이렇게 마음

헤아리기를 받아온 아이는 인간 관계에서도 상대의 마음을 물어봐 줄 수 있는 사람으로 성장하게 된다. 결국 관계가 좋은 사람이란, 마음 헤아리기를 잘하는 사람일 확률이 높다.

우리는 각자 관계에서 배려하려고 애를 쓰고 있다. 그런데 그 배려가 상대에게 진짜 필요한 것인지는 모를 일이다. 그 배려가 상대에게 필요한 것인지 알기 위해서는 상대에게 '물어보는 것'이 중요하다. 진짜 배려는 '상대의 마음이 어떠한지 물어봐주는 것'이다. 특히나 상처받은 사람에게 물어보지 않고, 자기 생각대로 배려하는 것은 오히려 폭력이 될 수도 있다.

한 부부가 찾아와 상담 요청을 했다. 그들은 오랜 세월 쌓여온 서로 간의 섭섭한 감정 때문에 힘들어했다. 남편이 그동안 재정적인 주도권을 가지고 있어서 아내가 꾹 참고 지내온 경우였다. 그러다가 아내가 부동산 관련 일을 하게 되면서 재정적으로 자립할 능력이 되자 일이 터졌다.

아내는 그동안 참아온 삶이 억울해서 더는 조금도 양보하지 않았다. 그렇게 이혼할 위기에 처하자 남편이 고개를 숙이고 들어갔다. 자신이 잘못했다고 하며, 평생 사죄하며 살겠다고 했다. 하지만 아내는 이런 남편의 말이 그저 말뿐이라고 늘 자기 식대로만 산다고 했다. 잘 들어보니 남편도 나름의 배려는 하고 있었다. 하지만 문제는 남편의 급한 성격과 아내에게 물어보지 않고 행동하는 데 있었다.

넉넉한 형편이 아님에도 아내가 원치 않는 고가의 선물을 한다든지, 아빠와의 관계가 틀어져 있는 자녀들에게 묻지도 않고 함부로 스킨십을 한다든지, 가장이라는 이유로 가족들을 오랜 시간 앞혀놓고 일방적으로 훈계를 한다든지 하는 것이다. 남편은 이 모든 행동이 가족을 위해서 하는 행동이었다고 하지만, 단 한 번도 가족들의 마음을 물어본 적은 없었다. 이것이 문제였다. 가족을 사랑해서 한 행동이었지만 오히려 그것이 상처가 된 것이다. '마음 헤아리기'를 하지 않은 것이 문제였다. 가족의 마음을 먼저 물어봐주었다면 이렇게까지 문제가 커지지 않았을 것이다.

인간은 누구나 자기중심적으로 생각한다. 그렇기 때문에 내가 아닌 상대를 중심으로 생각하기가 쉽지 않다. 상대의 입장을 충분히 고려하고 있다고 생각하지만, 그것은 착각일 경우가 많다. 어찌 보면 당연한 일이다. 상대의 입장이 되어보지 않고 어찌 그 마음을 알겠는가. 그래서 우리는 '마음 헤아리기'가 필요하다. 내가 그 상대가 아니기에 물어봐주어야 하는 것이다. 때로는 급하더라도 조금 돌아서 상대의 마음을 먼저 물어봐주어야 한다. 그것이 관계에서 가장 중요한 것이다.

장기하와 얼굴들의 노래 〈그건 니 생각이고〉 가사 중 일부다.

"내가 너로 살아봤냐 아니잖아.

니가 나로 살아봤냐 아니잖아.

걔네가 너로 살아봤냐 아니잖아.

아니면 니가 걔네로 살아봤냐 아니잖아.

아니잖아 아니잖아. 어? 어?

아니잖아 어? 어?

.

.

그건 니 생각이고.

그건 니 생각이고."

그렇다. 그건 니 생각이다. 상대의 마음은 물어봐주어야 한다. 그렇지 않으면 '그건 그냥 니 생각일 뿐'이다.

기억하자. 관계에서 배려가 중요하지만, 더 중요한 것은 상대의 마음을 물어봐주는 것이다! 상대의 마음을 물어봐주는 것이 진정한 배려임을 잊지 말자!

왜 상처받은 사람만 있고
상처 준 사람은 없을까?

사람은 이타적이다. 어려운 사람을 보면 자기의 것을 나누기도 하고, 도움이 필요한 사람을 보면 대가 없이 봉사하기도 한다. 그런 점에서 세상은 아직도 살 만하다. 반면에 사람은 이기적이고 자기중심적이기도 하다. 위기 상황이 닥치거나 자기가 손해를 입을 때는 냉정하게 돌변하기 때문이다.

"권사님, 이 교회분들은 다들 참 착하신 것 같아요."

"착한 것 같지? 사람은 자기가 손해 볼 때는 다 이기적으로 변하는 거야! 교회에 다닌다고 다르지 않아! 겉모습만 보고 판단하면 안 돼!"

나이가 지긋이 드신 할머니 권사님이 해주신 말이다. 지금도 잊히지 않는다. 아니, 나이가 들수록 오히려 더 공감하게 되는 말이다. 사람들이 착하고 이타적인 것 같지만, 자신에게 손해가 찾아오는 위기 상황에서는 매우 이기적으로 변한다는 의미다. 사람은 늘 자기중심적으로 생각하고 행동한다는 것이다.

상담대학원 수업 중 관 체험을 하는 시간이 있었다. 죽음에 대해 생각해보고, 올바른 죽음을 준비할 수 있도록 도와주는 수업이었다. 그 수업에서는 실제로 쓰이는 관이 준비되었고, 한 사람씩 나와 마지막 유언도 한다. 여기서 대부분 눈물을 훔치게 된다. 검은 넥타이를 매고 있는 교수님께서 엄숙하게 죽음을 선포한다. 그 후 관 속에 5분 정도 들어간다. 관 뚜껑이 닫히고 "쾅", "쾅", "쾅" 망치 소리가 들린다. 강심장이 아니고서는 관 속에서 그 소리를 듣게 되면 깜짝 놀라게 된다.

나는 당시 그 망치 소리가 마치 죽음 후에 두드리는 재판봉 소리같이 느껴졌다. 순식간에 삶이 파노라마처럼 지나갔다. 나의 삶에서 정말 중요한 것과 중요하지 않은 것들이 손쉽게 정리되는 시간이었다. 머리가 복잡하고 선택이 어려운 분들이 있다면, 관 체험을 한번 해보기를 추천한다.

그런데 관 속에 들어가기 전에 유언을 할 때 사람들 각자의 인생은 달랐지만, 대부분 비슷하게 유언했다.

"돈을 좀 더 벌 것을…."
"명예로운 위치에 더 높이 올라갈 것을…."
"더 좋은 집, 더 좋은 차를 타볼 것을…."
"세계여행을 더 많이 가볼 것을…."

이처럼 말하며 아쉬움을 전한 사람은 한 사람도 없었다. 누구도 돈과 명예를, 더 좋은 집, 더 좋은 차를 가지지 못한 것을 안타까워하지 않았다. 오히려 대부분의 사람들이 다음과 같이 말했다.

"부모님께 사랑한다고 더 말하지 못한 것이…."
"아내에게 고맙다고 미안하다고 말하지 못한 것이…."
"아이들을 더 많이 안아주고 함께해주지 못한 것이…."
"주변 지인들에게 더 고마움을 표현하지 못한 것이…."

대부분의 유언이 이처럼 관계에 대한 것이었다. 많은 사람들이 마음속으로는 알고 있지만, 말과 행동으로 관계를 풀지 못한 것에 회한을 가지고 있었다. 여러분도 인생의 마지막에 아쉬움을 남기지 않으려면, 지금부터 꼬인 관계를 풀어가는 지혜로운 인생을 살기를 바란다.

관 체험을 차례차례 하고 있었다. 중간쯤 되었을까. 관 속에 들어간 후 나올 시간이 되었는데, 한 분이 관에서 나오지 않았다. 교수님께서 이제 관에서 나와도 된다고 여러 번 이야기했음에도 그분은 울기만 할 뿐 나오지 않더니 급기야 소리를 질렀다.

"나 나오기 싫어! 그냥 여기 있고 싶어! 나 그냥 내버려둬!"

삶이 너무 고달파서 그냥 죽음에 머물고 싶어 하는 것이었다. 다들 그분의 처절한 절규와 흐느낌에 함께 가슴 아파했다. 얼마나 삶이 힘들었기에, 얼마나 삶의 상처가 크게 곪아버렸기에 저토록 비통해하며 죽음 속에 있기를 원하는 것일까. 그분은 그 후로도 한참을 더 관 속에 있다가 마음을 진정시키고 관에서 나올 수 있었다.

우리도 삶을 살아가다 보면 삶보다 죽음 가운데 있는 것이 더 낫겠다고 생각할 때가 있지 않나. 인생은 단 한 사람도 예외 없이 슬픔과 상처를 겪게 된다. 그리고 거기서 상처를 딛고 일어서는 사람과 평생 그 상처에서 헤어 나오지 못하는 사람, 이 두 부류로 나뉘게 된다. 이 둘의 미래는 누가 결정하는가. 그것은 결국 그 사람 자신의 몫이다.

자신이 상처를 딛고 일어서겠다고 다짐하는 사람은 결국 상처를 극복하게 된다. 반면에, 상처에서 벗어날 수 없다고 스스로 규정하는 사람은 그것에 갇히게 된다. 지혜로운 사람이라면 이제 그 상처의 기억을 치유의 강에 흘려보내 주자. 그렇게 하자고 다짐하자. 그리고 스스로를 용서해주자. 그때부터 치유가 시작될 것이다.

부모님의 마음을 어느 정도 알고 있다고 생각했다. 그런데 부모가 되어보니 한 해 한 해 지날수록 점점 더 '부모님의 마음을 내가 알기는 할까?'라는 생각이 든다.

어린 시절, 부모님은 상처를 안 받는다고 생각했다. 그리고 부모님은 당연히 자식들을 위해 희생하는 분으로 생각했다. 그런데 내가 아이를 키우고 보니 부모도 상처를 받는다는 사실을 알게 되었다. 아이의 말 한마디에 섭섭해하고 서운해하는 내 모습을 본다. 그리고 그제야 깨닫는다. '나도 어린 시절에 부모님에게 얼마나 많이 상처 주는 행동과 말을 했을까?' 하는 생각이 든다. 그런데 신기한 것은 여전히 상처를 준 것은 별로 생각이 안 나는데, 상처를 받은 것은 기억이 아주 잘 난다는 것이다.

그래도 그나마 부모가 되어보니 부모님께 상처를 준 기억들이 새록새록 생각이 났다. 나이가 들고, 내가 부모 입장이 되어보니 이제야 조금씩 이해가 되기 시작한 것이다. 부모님도 사람임을. 그저 평범한 남자이고 여자임을. 좋아하는 선호가 있고, 갖고 싶은 것이 있고, 먹기 싫은 것이 있는 평범한 사람임을 이해하게 되었다.

내가 20대 중반쯤의 일이다. 처음으로 부모님께 커플 티셔츠로 옷 선물을 드렸다. 내 기억에 노란색 칼라 티셔츠였던 것 같다. 함께 사러 갔던 여자 친구가 부모님이 노란색 티셔츠를 잘 입으시냐고 내게 물었다. 그때 내가 이렇게 말했다.

"괜찮아. 아들이 처음으로 준 선물이니까! 게다가 커플 티셔츠니까 무조건 좋아하실 거야! 걱정하지 마!"

부모님께 선물을 드렸다. 선물을 받고는 좋아하셨다. 그런데 포장지를 뜯고 옷 색깔과 스타일을 보시더니 표정이 그냥 그랬다. 그러고는 어디서 샀느냐고 물어보시며 교환해야겠다고 하셨다. 나는 당시 엄청난 충격을 받았다. 부모님은 내가 주면 다 좋아하실 거라고 생각했는데, 그제야 알았다. 부모님도 평범한 사람임을. 그리고 내가 정말 이기적으로 생각하고 살아왔음을 깨달았다.

나이가 든다는 것은 성숙해져간다는 것이다. 성숙한 사람은 상대의 입장이 될 수 있는 사람이다. 상대의 입장을 배려해줄 수 있는 그런 사람이다. 특히 가까운 관계일수록 더욱 그렇다.

사람은 이기적이라 내가 상처를 준 것보다는 상처를 받은 것을 더 잘 기억한다. 특히 관계에서 상처는 가까운 사람끼리 주고받을 때가 더 많다. 큰 상처일수록 그렇다.

우리는 성숙한 사람이다. 그러니 가까운 관계에서 내가 받은 상처만 기억하는 그런 이기적인 사람이 되지 않기를 바란다.

상처는 사실 같이 주고받는 것이다.

살다 보면 오해받을 때도,
오해할 때도 있다

"까마귀 날자 배 떨어진다."

농부에게 오해받는 까마귀는 너무 억울할 것 같다. 그런데 누구나 한 번쯤은 인생을 살면서 이런 오해를 받아본 적이 있을 것이다. 나 또한 그랬다.

순수하고 호기심 많은 중학생 시절이었다. 친한 친구들과 가끔 청소년회관 도서관에서 공부를 했다. 그날도 도서관에서 공부를 마치고 계단을 내려오고 있었다. 계단을 내려오다가 지하에 철문이 하나 있는 게 우리 중 누군가의 눈에 들어왔다. 그래서 그 철문은 어디랑 연결되어 있나 하고 문 앞에서 잠시 얼쩡거렸다.

그런데 갑자기 "야! 너희들 뭐해!" 하는 큰 소리가 들렸다. 알고 보니 그곳은 건물 지하에 있는 수영장과 연결된 문이라고 했다. 그런데 하필이면 이 문이 여자탈의실로 가는 문이었던 것이다. 친구들과 나는 이게 무슨 상황인가 싶어서 어이가 없었다. 괜히 오해받을 상황이 되어버린 것이다. 그리고 실제로 그 수영장을 관리하시는 분이 우리를 잔뜩 오해하고 있었다. 그전에 이 문에서 어떤 남학생이 탈의하는 여자들을 훔쳐보았다는 것이다. 그리고 그 민원 때문에 그 관리인이 엄청 욕을 먹었다고 했다.

관리하시는 분은 우리를 창고 같은 곳으로 끌고 갔다. 우리는 억울하기도 하고, 어이가 없었지만 끌려갈 수밖에 없었다. 관리자의 나이는 30대 초반 정도였다. 그 관리자는 자기가 지금 화가 나서 참을 수 없다면서 우리에게 학교와 집에 연락해서 이 사실을 말하든지, 아니면 자신에게 맞으라고 했다. 이 무슨 경우인가. 지금 생각해도 어이가 없다. 우리는 억울했지만, 부모님께 야단맞고 학교에서 불이익을 받는 것은 싫었다. 그래서 그냥 맞겠다고 했다. 그분은 특공무술을 배웠다고 하면서 우리를 세워놓고 엉덩이에 연신 발길질을 해댔다. 한 친구는 허리가 아프다고 말하니 뺨을 때렸다.

그렇게 그 관리자에게 한참을 돌아가면서 맞고 나서야 우리는 그곳을 나올 수 있었다. 정말 억울했지만 우리는 서로를 보면서 어이가 없어서 웃을 수밖에 없었다. 이 사건은 시간이 지날수록 더 화가 났다. 당시 부모님들은 다 맞벌이로 바쁘시고, 또 괜히 말했다가 야단맞을까 싶어 우리는 이날의 사건을 부모님들께 말씀드리지 않았다. 학창 시절에 제일 억울하게 오해받은 사건이다.

어른이라면 아이들에게 차분히 물어봐주어야 한다. 그리고 그들의 행동을 함부로 자신의 경험으로 판단해서는 안 된다. 그리고 가능하다면 아이들을 믿어줄 수 있는 어른이 되어야 한다. 관계에서 크게 오해할 만한 상황일 때는 반드시 상대에게 물어봐주어야 한다. 그것이 관계에서 실수를 피하는 방법이다.

나도 부모가 되면서 아이들에게 야단 칠 일이 가끔씩 생겼다. 아이들을 야단칠 때면 나도 모르게 다혈질적인 성격이 나와 흥분할 때가 있다. 그럴 때면 첫째 은서는 여자아이라 그런지 "아빠 무서워요. 안아주세요"라고 말한다. 그러면 어느새 정신이 차려진다. 그리고 마음을 가라앉히고 아이를 앉아준다. 그런데 둘째 아이는 야단을 맞을 때면 자꾸 웃는다. 그래서 야단맞을 때 태도가 좋지 않다고 더 야단맞고 벌까지 받는다. 그래서 한번은 둘째에게 물었다.

"은찬아, 왜 아빠에게 야단맞을 때 자꾸 웃니? 야단맞을 때 그렇게 태도가 좋지 않으면 더 혼나잖아."

그러자 둘째 은찬이가 대답한다.

"아빠한테 야단맞으면 너무 무서워서 웃긴 생각을 해요. 그래야 덜 무서우니까. 그런데 웃긴 생각을 한번 하게 되면 웃음이 잘 멈추어지지 않아서 자꾸 웃게 돼요."

이 이야기를 듣고 마음이 너무 아팠다. 그리고 아이에게 너무 미안했다. 아이를 이해하는 내 수준이 정말 낮았던 것이다. 아이는 평소에는 친구 같던 아빠가 화내는 모습을 보니 너무 무서워서 웃긴 상상을 했던 것이다. 그런 아들의 마음도 모르고 더 혼내고 벌까지 세웠던 것이다. 내 생각으로 함부로 아이를 판단하고 오해해서 벌어진 상황이었다. 그 후로 나는 아이의 사소한 행동도 내 멋대로 생각하지 않고 물어보려 노력한다. 이 사건을 통해 내 생각만으로 판단하면 오해할 수 있다는 사실을 절실히 깨달았기 때문이다.

우리는 일상에서 자주 오해한다. 때로 내 생각이 맞을 때도 있지만, 전혀 맞지 않고 오해하게 될 때도 있다. 그렇다면 오해는 어디서 시작될까? 서로 간의 생각이 다름에서 출발하게 된다. 각자의 경험이 다르기 때문이다. 한날한시에 태어난 쌍둥이라도 모든 경험이 같을 수는 없다.

그래서 사실 누구나 오해를 할 수밖에 없다. 모든 관계는 오해를 안고 있을 수밖에 없다는 말이다. 단지 크기의 차이일 뿐이지, 우리는 오해 안에서 살고 있다. 오해는 우리의 일상이다. 그것을 인정해야 한다. 그래서 한 공간 안에 같이 있다고 하더라도 생각은 모두 다르다. 같은 사건도 서로 다르게 기억될 수밖에 없다. 그러니 우리의 일상 속에 늘 오해가 존재함을 기억하자!

어찌 보면 오해하고 오해받는 것은 관계 속에서 일어나는 자연스러운 과정이다. 오해는 이해로 향해가는 과정 가운데 자연스레 발생한다. 때로는 피상적이었던 관계를 더 깊이 있는 관계로 변하게 만드는 요소 중에 하나가 오해다.

20대 초반 무렵 알게 된 친구가 한 명 있었다. 그 친구는 착하고 성실했다. 만나면 말도 잘 통하고 재미있는 친구였다. 그런데 문제는 만나고 헤어진 후였다. 헤어지고 몇 시간이 지나지 않아 문자를 계속 보내온다. 자신의 행동에 실수가 없었느냐고, 자신의 어떤 행동을 오해한 것은 아니냐고, 어떤 말을 할 때 왜 인상을 썼느냐고 묻기 시작한다.

처음에는 웃으면서 받아줄 수 있지만, 이것이 반복되면 피곤해진다. 관계에서 오해를 풀려고 하는 행동이 지나치니 관계는 더 멀어지는 것이다. 상대가 집착한다고 느끼니 멀리하고 싶은 마음이 생기는 것이다. 그나마 그렇게 가깝지 않은 친구이기에 망정이지, 연인이나 가까운 친구였다면 더 심했을 것이다. 관계 안에 오해는 늘 함께 있음을 인정해야 한다.

적당히 넘어가 줄 수 있는 여유가 있어야 한다. 여백의 미가 관계에서도 필요하다. 그러려면 정신과 마음이 건강해야 한다. 마음이 건강하고 성숙한 사람만이 그 여백을 긍정적으로 채워갈 수 있기 때문이다. 관계는 그렇게 여백이 있어야 한다. 완벽하지 않은 우리에게 그 여백을 부정적으로 채운다면 관계는 점점 더 꼬이게 될 테니까 말이다.

살다 보면 너무 사소한 것에 신경 쓸 때가 있다. 상대는 단지 눈살을 찌푸린 것인데 싫다고 생각한다든지, 그저 시계를 본 것인데 가고 싶다고 생각한다든지, 그렇게 사소한 일에 과도하게 신경 써서 배려하려고 할 때 상대가 더 불편할 수 있음을 기억하자. 조금 오해하는 과정도 있을 수 있는데, 그 조금의 오해조차 만들기 싫어서 관계의 깊이를 만들어내지 못할 때가 더러 있다.

사람 냄새를 조금 풍겨보는 것은 어떨까? 때로는 그런 모습을 통해 관계가 더 가까워지기도 한다. 그러니 너무 완벽해지지 말자.

서로의 다름을 인정해서 작은 마찰이 있을 수도 있음을 염두에 두자. 그것이 관계를 더 따뜻하게 만들어줄 것이다.

살다 보면 오해받을 때도 있고, 오해할 때도 있다. 그것이 우리의 삶이다.

나는 왜 관계가 힘들까?

글을 쓰고 있는 나에게도 '관계'는 여전히 숙제다. 삶 속에서 늘 관계의 문제에 직면한다. 하루도 그냥 지나가는 날이 없다. 아무 문제 없던 아내와 사소한 일로 사이가 갑자기 소원해진다. 아빠밖에 모르는 막내 아이가 갑자기 토라진다. 직장에서 늘 내 편을 들어 주던 동료가 어느 순간 나에게 등을 돌린다. 믿었던 관계들에 이상 징후가 보인다. 왜일까? 무엇이 우리 관계에 영향을 미치는 것일까?

한 7년 전쯤 일이다. 당시 나는 '공동체만이 희망'이라는 생각을 가지고 있었다. 새로운 대안 공동체를 꿈꾸며 여러 가지 교육을 받았다. 자급과 자립이 가능한 귀농공동체를 바라보았다. 그래서 경상남도 거창까지 내려가서 한 해 동안 귀농 교육을 받았다. 1,000평이 넘는 땅에 농작물을 심고 추수까지 하는 과정이었다. 새벽에 일어나 기도하고 체조를 한 후, 아침 먹기 전까지 밭일을 한다. 점심까지 밭일을 하고 오후에는 목공, 전기, 친환경 농약 제조, 양계 교육 등을 받았다. 다른 여러 귀농공동체 탐방도 하면서 공동체의 꿈을 키웠다.

당시 다른 교육 때문에 밭일에 조금 소홀할 때면 밭에 난리가 났다. 잡초가 농작물 사이사이에 놀랍도록 자랐다. 전날 분명 잡초를 다 뽑았음에도 다음 날만 되면 다시 어느새 쑥쑥 자라 있었다. 비가 온 다음 날은 정말 놀라운 속도로 자라 있는 잡초를 볼 수 있다.

잡초를 잘 제거해준 곳은 농작물에 영양분이 잘 전달되기 때문에 수확물의 결과도 좋다. 하지만 귀찮은 마음에 잡초를 잘 제거해주지 못한 곳은 그만큼 수확물의 결과도 좋지 않다. 농사가 쉽지 않은 것은 지속해서 꾸준한 관리를 해주어야 하기 때문이다. 그래야 가을에 좋은 열매를 거둘 수 있게 된다. 때로 잡초가 무성한 밭을 볼 때면 잡초를 탓한다. 그런데 잡초 탓이 아니다. 잘 생각해보면 내가 게을렀던 탓이다. 무엇이든 관심을 가지고 애정을 주는 만큼의 결과를 얻는 법이다.

관계는 마치 밭을 돌보는 것과 같다. 늘 가꾸어주어야 한다. 소중한 관계일수록 더욱 그렇다. 소홀해지기 시작하면 어느 순간 잡초들이 쑥쑥 올라온다. 그럴 때 중요한 것은 잡초를 탓하지 말고 나를 돌아보아야 한다. 관계는 평생 공부해야 할 거리다. 일상에서 늘 접하는 놀잇거리라고 생각해야 한다. 즐거운 마음으로 관계 수업에 임할 때, 삶의 변화 또한 함께 찾아올 것이다.

삶의 여러 부분에서 그렇지만, 관계에서도 해결되지 못한 관계는 비슷한 관계 패턴으로 반복해서 나타난다. 마치 신이 우리에게 해결해보라고 보내신 수수께끼인 듯하다. 그런데 이 단계를 넘어서야 다음 단계로 나아갈 수 있다. 관계가 힘들어지고 문제가 생길 때 회피하지 말고 정면으로 승부하라. 대신 해결하고자 하면 반드시 답은 나타나게 되어 있다. 인생에 정답은 없지만, 해답은 반드시 존재한다고 하지 않던가. 각자마다 어려운 관계가 있다. 그럴 때 넘어서려고 노력해보자. 그럼 분명 지혜가 찾아오고, 도움의 손길이 찾아올 것이다.

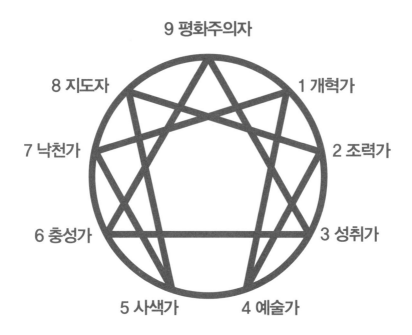

9 평화주의자

8 지도자　　　　　　　　　1 개혁가

7 낙천가　　　　　　　　　2 조력가

6 충성가　　　　　　　　　3 성취가

5 사색가　　　4 예술가

1번 유형 : 개혁가

　모든 일이 체계적이고 완벽하기를 원한다. 아무리 시간이 오래 걸리고 많은 노력이 필요하다고 하더라도 일을 정확한 방식으로 완벽하게 처리하는 것을 좋아한다. 원칙을 중시하며, 다른 사람들에게도 지킬 것을 강조한다. 변화를 쉽게 받아들이기 어려워하고, 반복적인 것을 더 좋아한다.

2번 유형 : 조력가

감정이 풍부하고 따뜻한 마음을 가지고 있다. 친절하며 다른 사람을 도와주는 것을 좋아한다. 관계 중심적인 이들은 사람들과 함께 있는 것을 행복해하며, 사람들이 안전하고 편안한 기분이 들도록 하는 데 놀라운 기술이 있다. 말투는 보통 상냥하고 부드럽다. 칭찬을 잘해주고, 경청을 잘한다.

3번 유형 : 성취가

융통성이 많고 어느 유형보다 성공 지향적이고 자신감이 넘친다. 성공과 성취에 대한 야망이 가득하며 에너지가 넘친다. 효율성, 생산성, 그리고 최고라고 인정받는 것이 이들에게 행복 키워드다. 실패를 두려워하기 때문에 어떤 일이 잘못되었을 때 그 원인을 외부에서 찾으려고 한다.

4번 유형 : 예술가

창의적이고 감성이 풍부하다. 평범한 것에서 아름다운 것을 끌어낼 수 있다. 그래서 평범한 것을 그렇게 좋아하지 않는다. 내면의 깊은 감성과 만날 수 있는 사람이기 때문에 예술가들이 많다. 수줍음이 많지만 친근하고 따뜻하다. 감수성이 풍부하고 품위가 느껴진다.

5번 유형 : 사색가

객관적이고 질문이 많은 편이다. 사물을 세밀히 탐구하는 데 흥미를 느끼는 연구가들이다. 현실적이고 통찰력이 있다. 어떤 일이 발생할 경우, 사실관계를 잘 살펴보고 모든 각도에서 상황을 따져본 후, 어떻게 행동해야 하는지 사리에 맞는 판단을 제시할 수 있다. 사적인 공간과 영역을 소중히 생각하고 지키고 싶어 한다. 말수가 적고 관계에 어리숙하게 보이기도 한다.

6번 유형 : 충성가

맡은 일에 성실하며 책임감이 강하고 믿음직하다. 규칙을 잘 지키며 집단에 소속되기를 원한다. 집단 안에 있을 때 안전함을 느끼고 자유롭게 활동할 수 있다. 협동적이고 조화롭다. 말투는 신중하고 사무적인 느낌이 강하다. 조용히 말하고 언행에도 신중하다.

7번 유형 : 낙천가

모든 상황을 낙천적으로 바라본다. 아이처럼 호기심이 많고 천진난만하고 단순하다. 유쾌하고 다른 사람을 웃게 만드는 유머 감각을 가지고 있다. 한꺼번에 여러 가지 일을 동시에 추진할 수 있다. 자유로운 환경에서 자신만의 스타일대로 일하는 것을 원하고 재미, 기쁨, 쾌락에 대한 욕구가 과도할 때가 있다.

8번 유형 : 지도자

지나치다 싶을 정도로 적극적이라는 말을 종종 듣는다. 일을 시작하지 않았으면 안 했지, 한번 시작하면 확실하게 끝을 맺는다. 결정은 직감적으로 빠르게 내리는 편이다. 권위적이지만 의사결정이 분명하다. 자신감이 넘치고 두려움이 없으며 강인한 에너지를 뿜어낸다.

9번 유형 : 평화주의자

갈등을 싫어하고 평화롭기를 원한다. 그래서 자신의 입장이나 기호를 먼저 드러내지 않는다. 자발적으로 행동하기보다 수동적으로 움직이길 원한다. 편안하고 고요한 것을 좋아한다. 또한, 어떤 변화로 인해 갈등을 겪는 것을 피하고 싶어 한다. 평상시 말투는 변화 없이 단조롭다. 묻는 말에도 기계처럼 단일하게 답할 때가 많다.

사람마다 왠지 모르게 함께하면 죽이 척척 잘 맞는 에니어그램 유형이 있다. 그런가 하면 반대로 대하기 까다롭고 어려운 유형들이 있다. 만나면 뭘 해도 마음이 맞기 어려워서 '저 사람은 정말 나랑 안 맞아' 하고 생각하게 만드는 사람이 있다. 나에게는 1번 유형이 그렇다. 물론 성숙한 1번 유형은 다르다. 성숙한 1번 유형은 굉장히 배울 점이 많다.

성숙하지 못한 1번 유형의 완벽주의적 기질이 나에게는 어렵게 다가온다. 그 기질을 본인에게만 적용하면 문제가 없다. 하지만 다른 사람들이 하는 한 치의 실수도 용납하지 않는 점이 힘들다. 그냥 넘어가려고 하지 않기 때문이다. 특히 주변 사람을 위한다면서 사소한 것 하나하나 지적한다. 이런 점이 자유로운 개성을 추구하는 4번 유형에게는 참 힘들다.

그런데 신기한 것은 내가 가는 곳마다 늘 성숙하지 못한 1번 유형이 존재했다. 매번 쉽지 않았다. 늘 1번 유형과 부딪혔다. 아무리 말로 풀어보려고 해도 제자리였다. 아니 오히려 더 힘든 관계가 되어갔다. 얼굴만 봐도 불쾌해질 정도였다. 그래서 그냥 멀리 있고 싶은데 자꾸 관계로 엮일 수밖에 없었다. 이상하게 유독 1번 유형과는 참 힘들었다.

그러던 어느 날, 더 이상은 안 되겠다는 생각이 들었다. 그래서 1번 유형과 정면 승부하기로 마음을 고쳐먹었다. 그 말은 에니어그램 1번 유형을 공부하기로 정했다는 말이다. 그리고 그렇게 1번 유형에 관심을 가지게 되었다. 관심을 가지고 바라보니 그 사람 자체가 그렇게 나쁜 사람은 아니었다. 나를 미워해서 그런 행동을 한 것도 아님을 알게 되었다. 그저 어린 시절부터 형성되어온 성격이 그를 그렇게 만든 것일 뿐이라는 것을 알게 되었다.

그렇게 1번 유형인 그를 이해해가기 시작했다. 이해하니 풀리는 오해들이 많아졌다. 물론 그가 나에게 하는 말이나 행동을 이해하기는 해도, 여전히 그가 나에게 하는 행동이나 말은 나를 기분 좋게 하지는 않았다. 그럼에도 불구하고 1번 유형을 공부하며, 그가 하는 행동이 이해될수록 그로 인해 기분 나빠지는 시간은 줄어들었다. 그전에는 온종일 마음이 힘들었다면 이제는 1시간, 혹은 30분이면 나의 마음이 평정심을 찾을 수 있게 되었다. 아직도 내 주변에는 1번 유형의 어려움이 존재한다. 하지만 예전처럼 나를 힘들게 하지는 않게 되었다. 이렇게 나에게 주어진 숙제를 풀어갈 때, 내 삶의 변화도 찾아온다. 그리고 그렇게 성장한다.

나는 어려서부터 사람이 너무 많은 곳은 힘들어했다. 지금 학교는 보통 한 반에 20명 내외다. 나의 학창 시절에는 보통 한 반에 60명가량이었다. 그래서 새 학기가 되면 난 한 달 이상 긴장감에 시달렸던 것 같다. 그러다가 주변에 가까운 친구들 네다섯 명쯤 생기면 그제야 마음이 좀 편안해졌던 것 같다. 나중에 보니 이것은 4번 유형의 특징이기도 했다.

나는 다섯 명쯤 모이는 소모임을 즐긴다. 그곳에서 편안함을 느낀다. 적당히 나를 드러낼 수 있고 적당히 딴짓도 할 수 있게 내버려두기를 원한다. 기본적으로 다른 곳에 호기심을 잘 느끼기도 하고, 뭔가 홀로 우수에 젖는 감상에 빠져드는 것을 좋아한다. 적당한 소속감만을 원하는 것도 특징이다. 나도 4번 유형이지만 사실좀 까다로운 면이 있긴 하다.

이제는 이런 나의 모습을 조금은 받아들일 수 있게 되었다. 많은 사람이 있는 모임에 가서도 잘 지낸다. 이 말은 나에게 찾아오는 어색한 감정을 받아들이게 되었다는 것이다. 편치 않은 상황에서 느끼는 긴장감을 억지로 밀어내지 않는다는 의미다. 그냥 지나가는 감정 자체로 생각한다는 것으로, 다른 사람들이 나를 이상하게 본다거나 불편하게 본다는 엉뚱한 상상에 빠져들지 않는다는 말이다. 예전에는 불편한 감정이 싫어서 회피했다면, 이제는 그냥 받아들이기로 했다. 이제는 나는 어린아이가 아니기도 하고, 다른 사람들이 나에게 그렇게 큰 관심이 없음을 알게 되었기 때문이다.

나에게도 여전히 어려운 관계들이 찾아오곤 한다. 하지만 예전과 다른 것은 이제는 그냥 피하지는 않는다는 것이다. 정면 승부하려고 노력한다. 다시 말해, 다른 사람을 탓하거나 내 감정을 무시하지 않는다는 말이다. 이제는 나에게 찾아오는 모든 것들에 인사하려고 노력한다. 나에게 찾아오는 모든 감정이 내가 아님을 알기 때문이다. 사랑도, 기쁨도, 슬픔도, 괴로움도 내가 아님을 알기 때문이다.

관계가 힘들 때는 관계를 대하는 자신의 마음을 한번 돌아보라. 혹시 두려운 마음에, 어색한 마음에 피하고 있는 것은 아닌지 말이다. 정면으로 승부하라. 한번 받아들여 보라. 우리는 이제 더 이상 어린아이가 아니다. 스스로 해결할 수 있는 어른이다. 찾고자 하면 답이 보일 것이다.

꼬여버린 관계. 풀어낼 수 있다. 믿어야 한다.

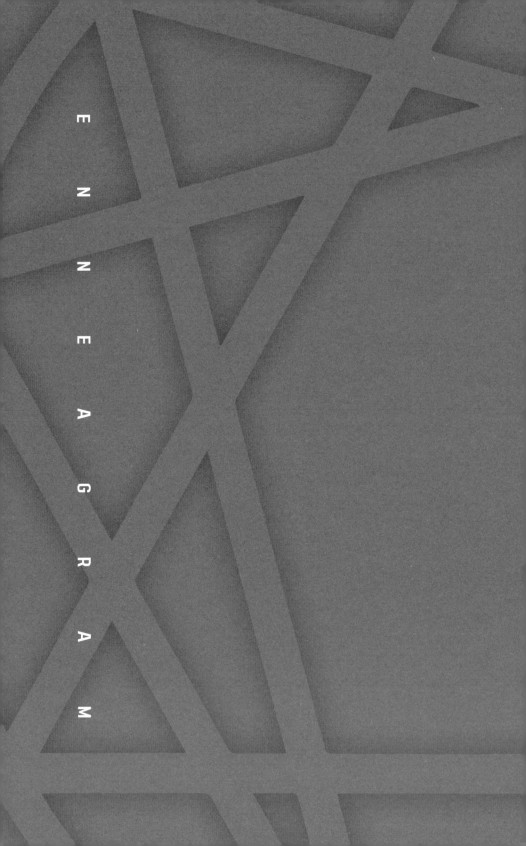

ENNEAGRAM

2장

에니어그램을 알아야
나와 당신이 보인다

ENNEAGRAM

사실 아프지 않은 사람은 아무도 없다

"와! 아파트에 살면 진짜 좋겠다!"

어린 시절, 우리 집은 이사를 참 많이 다녔다. 그리고 주로 주택에 살았다. 그러다 보니 아파트에 사는 친구들을 부러워했다. 그후로 감사하게 집안 사정이 좀 나아지면서 드디어 중학교를 졸업할즈음 새 아파트로 입주하게 되었다. 아파트가 지어져 올라가기 전부터 우리 가족은 얼마나 자주 아파트 건설 현장에 갔는지 모른다. 건물이 한 층, 한 층 올라갈 때마다 정말 행복해했다. "저기가 우리집이 될 거야", "저 정도면 남향이라 햇볕도 잘 들 거야" 부모님이설명해주시면서 설레하던 모습이 아직도 눈에 선하다.

어린 나이에 아파트에 들어가면 우리 집이 정말 행복해질 거라고 생각했다. 그런데 아파트에서의 행복은 그리 길지 않았던 것 같다. 그렇게 설레이고 좋아하던 마음이 얼마나 갔을까. 한두 달이나 갔을까, 모르겠다. 사람의 마음이 느끼는 행복은 그리 오래가지 않았던 것 같다. 아파트에 산다고 해서 가족 간의 관계가 훨씬 더 좋아지거나 하는 일은 일어나지 않았다. 오히려 사는 동안 나는 멀리 이사를 오게 되면서 새로운 친구들과 환경에 적응하느라 힘들었던 기억이 있다.

어린 시절에는 원하는 것만 가지면 행복할 줄 알았다. 그래서 돈 많고 잘사는 부자들은 아무 걱정 없이 행복하기만 한 줄 알았다. 그런데 나이를 먹고 여러 가지를 경험해나가면서 알았다. 세상에 걱정 없이 행복하기만 한 사람은 존재하지 않는다는 것을 말이다. 아무리 재벌 회장이라 하더라도 아픔을 겪지 않을 수 없음을 안다. 아무리 유명한 연예인이라도 아픔을 피해갈 수 없다. 이 세상에 아프지 않은 사람은 단 한 사람도 없다. 그러면 아픔은 왜 존재할까? 그 아픔은 나를 알 수 있는 통로가 된다. 그렇기 때문에 아픔을 잘 다루어갈 때 우리는 성장할 수 있다.

예전에 일하던 곳에서의 일이다. 사무실에 여러 명이 근무했는데 그중 젊은 여자 사원인 A의 성격이 유별났다. 히스테리도 심하고 잘 지내다가도 자기 심사가 한번 틀어지면 자기 멋대로인 성격이라 주변 사람들을 너무 힘들게 했다. 그 한 사람 때문에 사무실 분위기가 엉망이 될 때가 자주 있었다. 그로 인해 나도 마음이 참 어려웠다. A와 오랜 기간 알고 지낸 한 분과 이야기를 나누었다.

"A 때문에 힘들지? 나도 그 사람 대할 때 힘들긴 해. 그런데 A가 어려서부터 큰 상처가 너무 많았대. 태어날 때부터 여자 형제가 많은 집안에, 또 여자라고 부모님에게 무시받고 거의 버림받다시피 자랐대. 보호라는 것을 거의 받지 못하고 말이지. 그러니 삶에서 그렇게 독기가 가득한 거야. 그 이면에는 사랑받고 싶은데 상처받을까 봐 두려운 마음 때문에 그런 거 같아. 그러니 조금만 이해해 주자."

그 말을 듣고 보니 학교 다닐 때 아동심리학 교수님이 해주셨던 말이 떠올랐다.
"선생님께 반항하고 말썽 부리고 있는 아이가 있다면, 그 아이의 내면이 지금 울부짖고 있다는 것을 볼 수 있어야 한다."
이 말을 떠올리고 그 사람을 다시 보니 왠지 측은해 보였다. 그가 심술을 내는 모습이 어린 시절 아픔으로 울부짖고 있는 모습과 겹쳐 보였다.

이후로도 그 A 사원은 크게 달라지지 않았다. 하지만 그를 바라보는 나의 관점이 달라졌다. 나의 관점이 달라지니 마음이 편안해졌다. 그를 측은히 여기는 마음이 생기니 A를 이해할 수 있는 여유가 생긴 것이다. 그를 이해하려는 마음이 생기자 그가 에니어그램 4번 유형임을 알게 되었다. 4번 유형은 어린 시절 의도치 않은 단절이나 상실의 경험을 가지고 있다. 그래서 성숙하지 않은 4번 유형을 대할 때에는 헌신적인 애정이 필요하다.

아픔이 부정적이기만 한 것은 아니다. 아픔은 치유의 과정을 지날 때 성장으로 이어지는 긍정적인 요소를 가진다. 하지만 치유는 누가 대신해줄 수가 없다. 치유는 스스로만이 할 수 있다. 상담사나 정신과 의사가 도와준다 해도 내가 치유할 생각이 없다면 결코 나아질 수 없다.

치유의 시작은 스스로 내 마음을 알아주고, 나를 깊이 위로해줌으로써 시작된다. 그리고 그 아픔의 원인이 다른 사람이 아닌, 바로 나로부터임을 깨달을 때 우리는 그 아픔으로부터 벗어날 수 있다. 이런 과정은 나라는 사람을 제대로 알아야 한다. 그래서 에니어그램이 필요한 것이다. 에니어그램은 내가 누군지에 대한 인간의 근원적 물음에 대답해주기 때문이다.

성격을 영어로 '퍼스낼리티(personality)'라고 한다. 이는 라틴어 페르조나(persona)에서 기원한다. 페르조나는 가면이라는 의미다. 심리학에서는 사회적 역할에 따라 사용하게 되는 내면의 가면을 말한다. '거짓 나'라고도 한다. '거짓 나'라는 말은 '진짜 나'가 아니라는 말이다. 그런데 사람들은 이 '거짓 나'가 '진짜 나'인 줄 알고 착각하며 동일시하고 있는 것이다. 성격 유형은 결국 '거짓 나'인 것이다. 에니어그램은 이 '거짓 나'를 아홉 개의 가면으로 나누고 있다. '가면(성격)은 진짜 나'가 아니다. 하지만 가면을 제대로 알아야 우리의 본모습과 혼동하지 않고 제대로 알 수 있다.

대학 시절, 동아리에 여자 후배가 하나 있었다. 늘 웃는 얼굴인 키가 조금 작은 여자 후배였다. 무슨 말을 해도 웃기만 하고 말수도 적었다. 어느 날, 그 아이가 나에게 두통약이 있느냐고 물었다. 본인은 두통이 잦은 편이라고 하면서 지금 머리가 너무 많이 아프다고 했다. 그런데 이상했다. 머리가 너무 아프다는 사람의 얼굴이 생글생글 웃고 있었기 때문이다. 너무 이상해서 왜 아픈데 웃고 있느냐고 물으니 그 후배가 말했다.

"선배, 피에로 그림에 눈물이 있는 거 알아요?"
"무슨 소리야, 피에로는 늘 웃고 있지 않아?"
"한번 피에로를 자세히 보면 웃고 있는 눈에 눈물이 그려져 있을 거예요."

"그래? 진짜야? 모든 피에로에 다 그려져 있다고?"

"네. 제대로 된 피에로 그림에는 다 눈물이 그려져 있어요. 한번 찾아보세요. 피에로의 웃음은 그냥 좋아서 웃는 웃음이 아니에요. 아픔을 담고 있는 웃음인 거예요. 아픔을 숨기기 위한 웃음인 거죠."

놀랐다. 피에로에 눈물이 있었다니….

그리고 후배는 자신의 이야기를 들려주었다. 자기는 어릴 때 미숙아로 태어났다고 했다. 엄마 배 속에서 열 달을 채우고 나와야 하는데, 일곱 달 만에 나와 인큐베이터에 있었다고 했다. 미숙아들은 보통 왜소할 뿐 아니라 몸이 약하다고 하면서 자기는 어려서부터 특히 머리가 자주 아팠다고 했다. 처음에는 아프다고 하면 가족들이 걱정해주지만, 그것도 어느 정도지, 너무 자주 아프면 가족들도 좋아하지 않았다고 했다. 그래서 그때부터 자기는 웃기 시작했다고 말하며, 피에로의 눈물을 이해한다고 했다.

사람은 겉모습만으로 알 수 없는 존재다. 그리고 아프지 않은 사람은 아무도 없다. 그래서 우리는 사람을 이해하려 노력해야 한다. 사람을 이해하는 도구로써 에니어그램이 필요하다. 에니어그램은 나와 네가 누구인지에 대한 근원적 물음에 답을 주고 있기 때문이다.

에니어그램, 조금만 더 빨리 알았더라면

　20대 중반까지 나는 인생에 대해 아무 생각 없이 살았다. 그러다가 제대를 한 후에 인생의 급격한 변화를 겪으면서 '진리란 무엇인가?', '기독교에서 말하는 복음은 무엇인가?'와 같은 근원적인 질문을 갖게 되었다. 그리고 신학대학원에 입학해서 그 질문의 답을 찾아가는 과정을 겪었다. 그런데 대학원 수업만으로는 질문의 답을 충족할 수 없었다. 그래서 '진리' 혹은 '복음'이라고 명명한 책이나 세미나는 모조리 찾아다니며 답을 얻으려 애를 썼다.

　그러던 중, 우연히 한 특강을 듣게 되었다. 그동안 들어왔던 많은 강의와는 조금 달랐다. '밖으로'만 찾아 헤매던 나에게 '내면으로' 향하게 하는 법을 가르쳐준 강의였다. 강의를 마치고 함께 식사하던 중에 용기를 내서 강사님께 찾아가 질문을 했다.

"같은 기독교 안에서도 각 교단이 말하는 복음과 진리가 다른데, 대체 어떤 것이 진리입니까?"
"그건 경험해보면 알 수 있어요."

무슨 말인지 잘 이해가 되지 않아 다시 물었다.

"그럼 어떻게 복음을 경험할 수 있습니까?"
"이 짧은 시간에 설명해드릴 수 없으니 시간 내서 한번 찾아오세요."
"그럼 복음을 경험할 수 있게 해주신단 말인가요?"
"네. 그럼요."

이 무슨 말도 안 되는 소리인가. 자신이 복음을 경험할 수 있게 해준다니. 난 믿을 수 없었다. 하지만 나는 이분이 말하는 복음의 경험이 무엇인지 궁금했다. 그렇게 찾아간 곳이 전라북도 임실에서 열렸던 '데카그램' 세미나였다. 그리고 나는 거기서 복음을 경험하게 되었다. 인간 개개인이 묶여 있던 것에서 자유로워지는 것, 그것이 기쁜 소식, 곧 복음 아니던가.

결국 복음이란, 나를 제대로 아는 것이었다. 나의 한계를 알고, 그 한계를 어떻게 깨고 나올 수 있는지를 아는 것이다. 어떻게 해야 내가 성장할 수 있는지를 아는 것이다. 내가 어떤 때에 스트레스를 받는지, 그 스트레스를 어떻게 극복하고 나아갈 수 있는지를 아는 것이다. 내가 활력을 느낄 때는 어떤 상황이고, 어떤 모습인지를 아는 것이다. 나라는 사람에 대해 바로 아는 것이다.

이 모든 것들을 하루아침에 다 알 수는 없었다. 하지만 에니어그램을 알아가다 보니 나라는 사람에 대해 그동안 미처 생각하지 못한 부분까지 알게 되었다. 그러면서 내 삶을 돌아볼 수 있게 되었다. 나는 그동안 왜 그렇게 행동해왔는지, 왜 나를 힘들게 하는 사람과의 관계에서 그렇게 반응할 수밖에 없었는지를 알게 되었다. 그리고 그 모든 상황이 내가 스스로 만든 감옥이었음을 깨닫게 되었다. 진정한 복음은 내가 만들어놓은 감옥에서 벗어나 진실로 자유로워지는 것임을 깨닫고 경험하게 되었다. 함께 세미나에 참여했던 50대 여자분이 계셨는데, 그분은 이혼의 위기를 겪고 있는 분이었다. 그분이 세미나를 마치고 이렇게 말했다.

"에니어그램을 조금만 더 빨리 알았더라면…."

자신이 에니어그램을 더 빨리 알았더라면, 남편과의 관계가 이 정도까지 악화되지는 않았을 것이라는 말이었다. 이제야 남편을 제대로 이해하게 되었다고 했다. 왜 남편이랑 자신이 관계에 어려움을 겪을 수밖에 없었는지 알게 되면서 아쉬움을 드러내는 말이었다. 당시에 나는 아무 말도 못 해드렸다. 지금이라면 이렇게 말씀드릴 것 같다.

"늦었다고 생각할 때는 사실 이미 늦은 거예요. 하지만 늦은 만큼 더 진심으로 서로를 이해하려고 노력한다면, 분명 관계에 변화는 찾아올 거예요."

에니어그램은 단순히 성격 유형을 알려주는 도구가 아니다. 나의 유형이 왜 그렇게 형성되었는지를 깨닫게 해준다. 내 인생이 성장하려면 어떠한 방향으로 나아가야 되는지를 알려준다. 그리고 종국에는 나를 가두었던 성격으로부터 자유로워질 수 있도록 돕는다. 진정한 복음은 내가 변하는 것이다. 종교의 진수도 변화라고 말하고 싶다. 그리고 변화는 나를 제대로 알아가는 것에서 시작되는 것이다. '수신제가 치국평천하(修身齊家 治國平天下)'라고 하지 않았는가. 내가 먼저 변할 때 가정도 변하고 세상도 변화시킬 수 있다.

얼마 전, 한 교회 청년부에서 에니어그램 특강을 했는데, 에니어그램 기초 강의였음에도 반응이 뜨거웠다. 청년이라는 중요한 시기에 자신에 대해 알아가는 시간을 갖는 것은 꼭 필요하다. 하지만 우리나라 학교 교육에서 국·영·수는 배울 수 있지만, 정작 중요한 두 가지 공부는 가르쳐주지 않는다. 하나는 돈 공부이고, 하나는 사람 공부다. 세상에 나가 어려움을 겪는 경우는 대개 이 두 가지이기 때문이다. 그런데 중요한 이 두 가지에 대한 공부 없이 사회에 첫발을 내딛게 되니 어려움을 겪는 것이다. 에니어그램은 사람을 공부하기에 아주 유익한 도구다. 부디 독자 여러분들은 이 유익한 도구를 제대로 활용할 수 있게 되기를 간절히 바란다.

특강에 참여했던 한 청년이 강의를 마치고 나에게 찾아와 도움을 구했다. 그 청년은 처음에 자신이 2번 유형이라고 했다. 2번 유형은 조력가 유형으로, 선천적으로 남을 도와주기를 좋아하는 유형이다. 교회에 특강을 할 때마다 느끼는 것이 있다. 그것은 바로 교회 공동체에는 2번 유형이라고 착각하는 사람들이 많다는 것이다. 아무래도 교회라는 곳이 선한 삶을 살아가려는 사람들이 많이 모여 있는 곳이기 때문에 그런 것 같다. 특히 어려서부터 교회 문화 안에 자란 모태 신앙인은 더 그런 경향성이 짙다. 나에게 상담을 요청했던 청년도 마찬가지였다.

그는 얼굴만 봐도 8번 유형인데, 자신을 2번 유형이라고 생각하고 있었다. 대화를 나누고 검사를 진행해보니 역시나 2번 유형이 아니라 8번 유형이었다. 8번 유형은 선천적으로 리더가 될 때 타고난 능력을 제대로 발휘하는 유형이다. 그런 8번 유형이 남을 돕는 조력자 역할을 하는 2번 유형 행세를 하고 있으니 얼마나 답답한 삶을 살았겠는가. 이런 자신의 유형에 대해 이야기를 나누고 조언해주었다. 그러자 그 청년은 교회에서는 그래야만 하는 줄 알았다며, 그렇게 2번 유형처럼 사는 게 하나님이 기뻐하는 삶이라고 생각했다는 것이다. 정말 그런가? 결코 그렇지 않다.

하나님께서는 우리 각자가 자신에게 맞는 삶을 살기를 원하신다. 내가 나답게 살기를 원하시는 분이다. 호랑이가 고양이처럼 살면 되겠는가. 호랑이는 호랑이처럼 포효하고 살아가는 것이 하나님의 뜻이다. 그 청년도 나와 헤어지며 이런 마지막 말을 남겼다.

"에니어그램, 조금만 더 빨리 알았더라면…."

다름을 인정하는 순간, 관계의 문이 열린다

맞벌이 부모님에 외동이던 나는 어린 시절 친할머니와 둘이 있을 때가 많았다. 어느 날, 할머니께서 문을 좀 열자고 하셨다. 그런데 창문이 열려 있었다. 그래서 나는 할머니에게 물었다.

"할머니, 창문이 열려 있는데 왜 문까지 열어?"
"응, 양쪽으로 열려 있어야 맞바람이 불어서 시원하거든."

그때 나는 처음으로 맞바람이라는 것을 알았다. 문이 닫혀 있으면 답답할 때가 많다. 그래서 수시로 환기를 시켜주어야 한다. 한쪽만 열어도 환기가 되지만, 양쪽으로 열려 있어야 맞바람이 불어서 훨씬 환기가 잘된다.

관계에 있어서도 마찬가지다. 서로의 다름을 인정할 때 관계의 문을 열 수 있다. 물론 한쪽에서만 문을 열어도 관계의 문을 열 수 있다. 하지만 양쪽에서 모두 문을 열 때, 시원한 맞바람이 불어온다. 그렇게 시원한 맞바람이 불어오는 관계는 함께 있으면 즐겁고, 떨어져 있어도 미소 지어지는 그런 관계일 것이다.

예전 직장에 상사가 한 분 계셨다. 그분은 공감 능력이 많이 부족한 분이었다. 그래서 다른 사람에 대한 배려심을 찾기 힘들었다. 그는 상대방을 위해서 하는 말이라며 자주 지적을 했는데, 업무에 대한 것뿐만이 아니라 옷 입는 것부터 머리 스타일 등 개인 생활에 해당하는 것까지 지적해 듣는 사람으로 하여금 당황스럽게 만들었다.

거기다 여러 사람이 함께 있는 자리에서 지적을 해서 듣는 사람으로 하여금 수치심을 느끼게 만들었다. 그분 자신은 상대방을 위해 말해준다고 하지만, 이는 정작 상대를 전혀 배려하지 않고 자신이 하고 싶은 말을 하는 것이다. 거기다 한 번이 아니라 반복해서 이야기했다. 그러니 그분 옆에는 아무도 가기 싫어했다.

그분이 특히 많이 사용하는 단어는 "당연히 그래야지", "내 말이 맞잖아?"였다. 그러다 보니 자신의 주장만 늘 옳았다. 전혀 설득되지 않는 분이었다. 그래서 상대방이 무슨 말을 해도 다시 원점으로 돌아간다. 그분에게 아무리 상대방 입장을 설명해도 알아듣지 못하는 경우가 대부분이었다. 상대방 입장에 대한 공감력이 현저히 낮았다. 많은 동료가 그분과 대화하기 싫어했다. 회식 자리에 가도 이분 주변에는 사람이 없었다. 그렇게 관계의 문이 닫히는 것이다.

거기다 이야기를 들으니 직장에서뿐만 아니라 가족들과도 사이가 좋지 않았다고 했다. 매일 다 큰 자녀들을 앉혀놓고 훈계를 한다고 하니 가족들과의 관계도 어려워질 수밖에 없는 것이다. 그분은 다른 사람이 자신과 다름을 인정하지 못했다. 자기 생각과 다르면 틀린 것이었다. 그러니 자신이 생각하기에 눈에 거슬리는 모습이 보이는 사람은 직장에서건 집에서건 말로 많은 상처를 주었다. 그런데 자신은 그렇게 상처를 주고 있다는 사실을 모른다는 것이다. 오히려 억울해했다. 안타까울 따름이다.

권소연 작가의 《사랑은 한 줄의 고백으로 온다》의 내용이다.

"식물과 동물의 차이점이 뭔지 알아?"
"뭔데?"
"식물은 움직이면 죽고, 동물은 가만 있으면 죽어."

죽음이 다르다는 것은 삶의 방식이 다르다는 것을 의미한다. 모두가 똑같을 수는 없는 것이다. 너는 왜 나와 같지 않냐고 말하는 것은 어떤 경우, 상대에게 죽으라고 강요하는 것과 같다.

인생에서 '나와 다르다고 남에게 무언가 강요한다면 그것이 누군가에게는 심각한 상처가 된다. 말로써 상대를 죽이는 일이 일어나게 되는 것이다. 누군가에게 조언이나 충고를 하는 위치에 있다면 스스로 조심스럽게 한번 돌아보기를 바란다.

에니어그램 강의 중 40대 초반의 친자매 두 명을 만났다. 둘 사이에는 별문제 없느냐고 가볍게 물었더니, 언니는 자매 사이에 전혀 문제가 없다고 했다. 하지만 동생의 표정이 좋지 않았다. 그래서 이번에는 동생에게 둘의 관계에 아무 문제가 없느냐고 물었다. 그러자 동생이 한참을 머뭇거렸다. 그러고는 용기를 내 어렵게 말을 꺼냈다.

"언니는 어려서부터 늘 당연히 받기만 했던 거 알아? 난 늘 양보하는 사람이었고, 언니는 나에게 고맙다는 말을 제대로 한 적이 없었어. 난 그게 지금도 상처로 남아 있어."

이 말을 들은 언니는 깜짝 놀랐다. 동생에게 평생 처음 듣는 말이라고 했다.

"나는 늘 그래 와서 당연히 그런 줄만 알았어. 왜 한 번도 말하지 않은 거야?"

"그걸 꼭 말로 해야 알아?" 하며 동생은 눈물을 쏟았다.

둘의 에니어그램 유형은 언니가 3번 유형, 동생이 2번 유형이다. 3번 유형인 언니는 무슨 일을 해도 단기간에 성취를 이루고, 말을 할 때면 똑 부러지게 한다. 그러니 속에 있는 말을 못 하는 사람을 이해하기 어렵다.

동생은 2번 유형이었는데 기본적으로 남을 배려해주고 챙겨주기를 좋아한다. 착한 이미지를 갖고 싶어 하기에 남에게 직접 싫은 소리를 하기 어려워한다. 그러니 그 오랜 세월 동안 언니에게조차 자신의 섭섭한 마음을 솔직하게 말하지 못했던 것이다. 2번 유형은 남에게 도움 주기를 좋아하지만, 그 이면에는 자신도 그렇게 챙김을 받고 싶어 하는 마음이 크다. 그런데 언니가 그 마음을 몰라주었으니 마음속에서는 점점 섭섭함이 쌓여갔던 것이다.

둘의 성격 차이를 이해하자 서로 간의 오해가 풀어졌다. 소원했던 관계에 시원한 바람이 불기 시작했다. 서로의 다름을 인정할 때 관계의 문이 열린다.

예전 교회에서의 일이다. 당시 수요일마다 부서별로 모임을 가졌는데, 우리 부서와 옆 부서 간 장소 문제로 옆 부서 담당자와 이야기를 나누었다. 수용 인원에 비해 장소의 크기가 작아서 부서 간 협조가 필요한 사항이었다. 그 담당자는 자기 부서는 괜찮다며 장소를 양보해주었다. 나는 그것으로 잘 끝났다고 생각했다.

그런데 수요일만 지나고 나면 계속해서 말이 들렸다. 이상해서 옆 부서 담당자를 다시 만났다. 여전히 괜찮다고 했다. 그런데 입으로만 계속해서 괜찮다고 하지, 표정은 좋지 않았다. 그제야 아차싶었다. 내 입장에서만 생각하고 있다는 것을 깨달았다. 이분은 에니어그램 9번 유형처럼 느껴졌다. 싸움을 싫어하는 평화주의자 유형이다. 그러다 보니 불편한 말을 하기 싫어서 속내와는 반대로 계속 괜찮다고 한 것이었다.

장소 문제는 격주로 부서가 돌아가면서 사용하기로 다시 제안했다. 그러자 더 이상 불필요한 잡음이 들리지 않았다. 당시 나는 속으로 '아니, 안 괜찮으면 안 괜찮다고 말을 하면 되지. 왜 괜찮다고 해서 일을 더 어렵게 만드는 거야?'라는 생각이 잠시 들었다. 하지만 서로 간의 다름을 인정하니 그를 좀 더 이해할 수 있었다. 그 이후 그 담당자와는 점점 가까워져서 함께 운동도 하고, 자주 밥도 먹는 친한 사이가 되었다. 만약 그때 내가 다름을 이해하지 못하고,

속에 있던 생각을 밖으로 내뱉었다면, 아마도 우리 사이에 관계의 문은 닫혔을 것이다.

우리는 각자 다르다. 생각도, 취미도, 경험도, 종교도 다르다. 틀린 것이 아니라 다르다. 그 다름을 인정하기 시작할 때, 관계의 문이 열리고 시원한 바람이 불 것이다. 아직 늦지 않았다. 다름을 인정하는 순간, 관계의 문이 열린다. 변화는 한순간이다. 다름을 인정하는 순간, 변화는 손바닥 뒤집듯이 한순간에 찾아올 것이다.

나도, 당신도 행복했으면 좋겠다

요즘 많은 도움을 받고 있는 '인생라떼' 강의 중 '위닝북스' 권동희 대표의 버킷리스트는 '부모님께 용돈 1,000만 원 드리기!'라고 한다. 대단하다는 생각이 들었다. 어떻게 저런 생각을 했을까? 스케일이 정말 남다르다고 생각했다. 실제로 버킷리스트에 넣은 지 얼마 되지 않아 부모님께 용돈으로 1,000만 원을 드렸다고 한다.

그 이후 나의 버킷리스트에도 '부모님께 용돈 1,000만 원 드리기'가 추가되었다. 상상만 해도 정말 즐거워지는 버킷리스트다. 사랑하는 부모님에게 1,000만 원을 드릴 수 있다니. 즐거워할 부모님의 모습을 상상하니 자식으로서 정말 행복하다. 부모님께는 1,000만 원이 아니라 1,000억 원을 주어도 아깝지 않다. 언제나 감사한

분들이다. 상상만으로도 행복해지는 버킷리스트다. 독자 여러분도 한번 즐거운 상상을 해보시라.

삶을 살아가면서 꼭 돈이 많아야 좋은 것은 아니다. 하지만 돈이 많으면 상당 부분 선택이 쉬워진다. 유익한 강의가 있을 때 강의료에 구애받지 않고 신청할 수 있고, 아이가 무언가를 사달라고 할 때 가격이 비싸서가 아니라, 정말 아이에게 필요한 것인가로 고민할 수 있을 것이다.

얼마 전까지만 해도 나는 돈에 대한 인식이 상당히 부정적이었다. 부자들은 가난한 사람들의 등골을 빼먹는 이기적인 사람들이라고 생각했다. 그러니 돈은 필요한 만큼만 있으면 된다고 늘 생각해왔다. 사실은 돈을 많이 갖고 싶으면서도 아이러니하게 돈에 대한 부정적 인식으로 가득했던 것이다.

그러다 김승호 회장의 《돈의 속성》을 읽게 되면서 돈에 대한 나의 인식에 변화가 찾아왔다. 이 책에서 이야기하는 대로 돈이 인격이라면, 나에게 가까이 오기 싫은 것이 당연한 이치였다. 그렇게 돈에 대한 나의 인식을 바꾸고 보니 세상에는 좋은 부자들이 많다는 사실이 눈에 들어왔다. 사실 내 주변에는 늘 괜찮은 부자들이 가까이에 있었다. 그런데도 나는 부자들에 대한 안 좋은 인식을 가지고 있었다. 아마도 교회 교육의 영향도 있었을 것이고, 어린 시절 보았던 전래동화 속의 못된 부자 이미지가 각인된 영향도 있었던 것 같다.

인식을 바꾸고 주변을 바라보니 부자가 더 예의가 바르고, 주변 사람을 더 배려하고 유익하게 하고 있다는 것을 알게 되었다. 부자들은 그만한 가치를 제공하고 있었다. 그에 비해 가난한 사람들은 가난한 의식을 가지고 있었다. 부정적인 말을 하고 주변 사람에 대해 함부로 말하는 경우가 많았다. 당신도 주변을 한번 다시 돌아보라.

내가 책 쓰기 코칭을 받은 '한국책쓰기강사협회'의 김태광 대표는 젊은 나이에 크게 성공한 분이다. 그는 현재 자산이 200억 원이 넘는 부자지만 처음부터 부자였던 것은 아니었다. 어린 시절부터 어려운 삶을 살다가 현재는 의식을 바꾸어 부자가 되었다. 그리고 지금은 코치로서 많은 사람을 도우며 의식을 변화시키는 일을 하고 있다. 그뿐만 아니라 290권의 책을 집필하면서 깨닫게 된 빠르게 책 쓰는 비법으로 많은 사람을 돕고 있다. 그는 11년 동안 1,100명이 넘는 평범한 사람들을 작가로 만든 '대한민국 1등 대표코치'로 활동하고 있다. 그가 부자가 된 것은 바로 그만한 가치를 제공하고 있기 때문이다. 부자는 남의 것을 빼앗는 사람이 아니다. 부자는 다른 사람들에게 그만한 가치를 제공해주는 사람이다.

돈은 악의 근원이 아니라 오히려 좋은 도구가 된다. 돈이 있어야 학교도 세우고, 병원도 세우며, 선한 나눔도 할 수 있으니 말이다. 이렇게 돈에 대한 나의 인식에 변화가 찾아오니 돈이 나를 찾아오게 되었다. 신기하다. 돈을 많이 벌 생각을 하니 방법이 보이고, 돈을 많이 번 좋은 부자들과 가까워졌다. 이렇듯 부에 대한 인식의 변화가 관점의 변화를 가져왔고, 삶의 변화를 가져다주었다.

관계에서도 마찬가지다. 인식이 먼저 바뀌면 관계의 변화를 가져다줄 것이다. '타인은 나와 다르다'라는 생각을 늘 가지고 있어야 한다. 관계에서 어려움을 겪는 큰 이유 중 하나가 '나는 맞고, 너는 틀리다'라는 생각 때문이다. 사람은 저마다 자라온 환경도, 사람도, 경험도 다르다. 그래서 같은 일을 바라보는 관점도, 생각도 다르다. 평상시에는 이렇게 사고의 폭이 넓다. 그런데 관계의 어려움에 직면할 때면 우리의 사고가 좁아지기 시작한다. '왜 저 사람은 저렇게 행동하지?' 하며 이해하지 못한다. 하지만 그때 우리는 사고의 폭을 넓혀야 한다. 나와 상대는 다름을 깨닫고, 살아온 경험이 다르니 바라보는 관점도 다르고 행동도 다를 수밖에 없음을 이해하고 받아들여야 한다. 상대방이 틀린 것이 아니라 다른 것임을 받아들여야 한다. 그것이 관계 회복의 시작이다.

나에게는 사랑하는 아들과 딸이 있다. 우리 딸은 집에서 책을 읽거나 미술 활동을 자주 한다. 그렇게 집중할 때면 다른 것은 전혀 신경 쓰지 않는다. 오로지 자신이 하는 일에만 집중을 한다. 아무리 이름을 불러도 도통 듣지를 못한다. 그래서 아내와 나, 그리고 아들 이렇게 셋이서만 저녁을 먼저 먹을 때가 종종 있을 정도다.

반면 아들은 딸과 조금 다르다. 게임을 하면서도 한 번씩 주위를 살핀다. 그리고 게임에 집중할 때라도 아빠가 부르면 대답 정도는 한다. 저녁을 먹고 과일이나 과자를 먹을 때도 딸은 자기 것이 남아 있으면 문제가 없다. 아들은 자기 것을 챙기지만 주변을 한번 쓱 둘러본다. 그리고 아빠가 먹을 것이 없으면 자기 것을 하나 양보해서라도 아빠 입에 넣어준다. 이럴 때면 정말 행복하다. 아들 키운 보람이 느껴진다. 물론 우리 딸도 아빠 것이 없다고 굳이 말해줄 때면 아빠에게 나눠주는 착한 딸이다.

두 아이 모두 남을 배려할 줄 아는 사람으로 자라주어서 감사하다. 하지만 둘은 기본적으로 성격이 정말 다르다. 그러므로 어떤 행동을 두고 그 의도를 물어보지 않고, 함부로 아이를 판단하거나 다그쳐서는 안 된다.

6번 유형은 생각이 깊고 관계에 충실한 편이다. 그래서 상대에게 필요로 할 때면 늘 도움을 준다. 따뜻하고 인정이 많으며 남을 잘 보살핀다. 4번 유형도 기본적으로 마음이 따뜻하고 연민이 많은 유형이다. 감수성이 풍부하고 우아한 감각도 가지고 있다. 하지만 4번 유형은 의도적으로 집중하려 할 때 남을 잘 보살피는 사람이다. 그러니 남을 자동적으로 살피는 6번 유형과는 다를 수밖에 없는 것이다.

행복은 나와 다른 사람과의 관계에서 찾아온다. 남을 너무 배려해서도, 또는 나만 너무 생각해서도 잘 지내기 어렵다. 나만 행복하거나 상대만 행복하다면 이는 완전한 행복이라 할 수 없다. 진정한 행복은 나와 타인 사이의 조율이라고 할 수 있다.

행복은 유익한 관계를 통해 찾아온다. 유익한 관계는 서로 '배려'하는 관계가 아니라 서로 '배움'하는 관계다. 최소한 한 사람만이라도 관계에서 배우려는 마음이 있을 때, 그리고 관계를 통해 성장하려는 마음이 있을 때, 좋은 관계를 유지할 수 있다.

우리가 이 지구별에 온 목적은 경험을 통행 성장하기 위해서다. 진짜 행복은 이 목적대로 살아갈 때 찾아온다. 서로를 통해 배움이 있고 성장할 때만이 그 관계가 즐겁고 유익해질 수 있다. 오래된 관계라고 다 좋은 것이 아니다. 우리에게 있어 성장이 아닌 퇴보를 가져오는 관계라면 한번 그 관계를 정리해야 할 때가 아닌지, 진지하게 생각해보아야 한다.

　패션디자이너 장명숙 선생은 이렇게 말한다.

　"관계에도 유효기간이 있다."

　내 생각을 존중해주지 않고, 부정적인 말을 일삼는 사람이라면 이제 관계를 정리해야 한다. 그것이 나에게도, 그 사람에게도 도움이 되는 일이다. 우리는 그렇게 성장할 수 있는 선택을 해야 한다.

　나의 의식이 성장하면 내 주변에는 나와 비슷한 수준의 사람들이 찾아오기 마련이다. 의식의 수준이 높은 사람 곁으로 찾아갈 때 나의 의식도 함께 성장하는 것이다. 매일의 삶에서 관계의 의식 수준을 높여라. 늘 똑같은 관계가 아니라 관계를 통해 배우려고 노력하라. 관계의 의식을 높이는 데 에니어그램만 한 것이 없음은 두말할 필요가 없다. 그렇게 행복의 길로 나아가자. 나도, 당신도 행복했으면 좋겠다.

잠시 멈추면 보이는 것들

"오늘 하루 당신의 시계는 얼마나 바쁘게 돌아갔습니까?"

이 카피 문구처럼 대한민국 사회는 정말 바쁘게 돌아가는 것 같다. 돈 벌고 일하느라 바쁘고, 미래를 준비하고 공부하느라 바쁘다. 상황이 이러다 보니 자신의 주변도 돌아보기가 쉽지 않다. 소중한 관계에 문제가 생겨도 잠시 멈추고 돌아보기가 쉽지 않다. '바쁘니까 이해해주겠지', '시간이 해결해주겠지' 하며 그냥 지나칠 때가 많다. 하지만 관계에서 잠시 멈추고 돌아봄 없이 바쁘게만 지나다 보면 어느 순간, 그 관계는 풀리기 어려울 만큼 꼬여버릴 게 분명하다. 그래서 우리에게는 특히 관계에서 잠시 멈추고 돌아보는 시간이 필요하다.

아내와 나는 연애 시절에 거의 다투어본 적이 없다. 그래서 우리 부부는 서로 성격이 잘 맞는다고 생각했다. 결혼하고 나서도 마찬가지였다. 물론 작은 오해로 섭섭해하기도 하고, 때로는 작은 일로 부딪칠 때도 있었다. 하지만 큰 어려움 없이 잘 풀어나갔다. 그렇게 큰 문제 없이 잘 지내다가 첫아이를 출산한 직후 우리 부부에게 위기가 찾아왔다.

우리 부부는 첫아이를 낳을 때 고생스럽지만 자연주의 출산을 선택했다. 그래서 우리 부부는 그 과정을 더 뿌듯해하고 서로를 격려할 수 있었다. 그런 만큼 출산 후의 과정도 별문제 없이 잘 겪어낼 거라고 생각했다. 당시 나는 대학원에 다니고 있었다. 낮에는 공부하고 저녁에 돌아오면 피곤해도 나름대로 열심히 밤을 새워가며 육아에 힘썼다.

그런데 하루하루 지날수록 뭔가가 이상했다. 우리 부부 사이가 무언가 알 수 없는 이유로 점점 불편해져 갔다. 그리고 아내는 조금씩 말이 없어지기 시작했고, 시간이 지날수록 표정은 점점 어두워져 갔다. 아내의 동선은 침대 위를 거의 벗어나지 않았다. 내가 집에 돌아오면 아내의 얼굴보다 아내의 등을 보는 날이 더 많아지기 시작했다.

당시 나는 아내의 이런 모습들이 정말 이해되지 않았다. 그러다 보니 아내를 향한 나의 말과 표정이 점점 퉁명스러워져 갔다. 상처 받는 아내의 모습이 보였지만, 나도 너무나 속상해서 어쩔 수 없었다. 첫아이를 낳고 감격스러워하며 서로를 격려하던 때가 얼마 전이었는데, 관계가 급격히 냉랭해져버린 것이다. 그동안 아내와 이 정도까지 소원해져본 적이 별로 없었기 때문에 더 당황스럽고, 속상하고, 너무 화가 났다.

그런데 며칠 뒤, 아내가 청천벽력 같은 말을 했다.

"나 온종일 너무 힘들어. 우울해 죽겠어. 나 좀 어떻게 해줘. 나도 내가 왜 이러는지 모르겠어."

그러고는 왈칵 눈물을 쏟아냈다. 아내의 눈물은 쉽사리 멈추지 않았다. 그리고 결국에는 크게 소리까지 내며 울었다. 한참을 울고 나자 힘이 들었는지 아내는 곧 잠이 들었다. 그렇게 잠들어 있는 아내를 보며 나는 너무 미안했다. 아내의 내면이 그렇게 아파하고 있었는데, 알지 못한 나 자신이 정말 한심하게 느껴졌다. 아내는 심한 산후우울증을 겪고 있었던 것이다.

그 이후 종일 아내 생각을 했다. 이대로 두어서는 안 되겠다 싶었다. 아기도 소중하지만, 엄마가 먼저 살아야 한다고 생각했다. 바로 병원과 상담센터를 알아보았다. 상담센터를 예약하기 전에 나

혼자 가려 했던 영성 세미나가 있었는데, 나는 거기에 함께 가자고 아내를 설득했다.

지금에서야 알았지만, 아내는 에니어그램 6번, 즉 두려움이 많은 유형이다. 그래서 잘 알지 못하는 것을 새롭게 시도해야 할 때 걱정이 많다. 거기다 아기는 누가 돌보며, 수유는 어떻게 할 것인지 안심하지 못했다. 하지만 어떤 것보다 아내의 마음 상태가 중요하니 함께 가자고 설득한 것이다. 그리고 감사하게도 아내는 결단을 내려 함께 세미나에 참석하기로 했다. 죄송했지만 아기는 장모님께 맡긴 후, 우리 부부는 전라북도 전주까지 내려가서 세미나에 참석했다.

출산 후 부기도 빠지지 않은 몸으로 쉬는 시간이면 유축기를 가지고 빈방에 들어가 모유를 짜내어가며 아내는 세미나에 참석했다. 그 모습을 지켜보던 주변분들도 아내를 위로하고 응원해주었다. 나도 이런 아내의 모습이 미안하고 고마웠다.

세미나의 주 내용이 에니어그램인 것은 참석하고 나서야 알게 되었다. 이 시간이 너무도 소중한 순간이라 생각했기 때문에 한순간도 허투루 참여하지 않았다. 교육이 진행됨에 따라 나와 아내는 각자의 에니어그램 유형을 알게 되었다. 아내의 유형에 대해 알아갈수록 아내가 달리 보이기 시작했다. 6번 유형인 아내의 두려움을 이해하게 되었고, 아내의 어린 시절을 돌아보니 아내의 현재를 이해하게 되었다.

아내 또한 나의 유형을 알게 되자 나를 더 깊이 있게 이해해주었다. 4번 유형인 나의 외로움과 아픔을 알아주었다. 당시에 "아가였을 때의 당신이 너무 불쌍해"라며 울어주던 아내의 모습은 아직도 나에게 큰 위로가 된다. 자신의 소중한 사람이 자신의 아픔에 공감하고 알아준다는 사실만으로도 우리는 큰 힘을 얻고 감동을 받게 된다.

그 이후, 우리는 10년 결혼생활 동안 어려움 속에서도 서로를 잘 이해하며 지내고 있다. 그 세미나를 다녀온 후 아내는 병원이나 상담센터를 가지 않아도 되었다. 내면이 위로받고 단단해지니 산후우울증도 잘 이겨내게 되었던 것이다.

사실 나는 세미나 참석 전까지 사람을 성격 유형으로 분류하는 것을 신뢰하지 않았다. 사람은 각자의 환경도 생각도 다른데, 단순히 몇 가지 유형으로 나눈다는 것이 수긍되지 않았기 때문이다. 그러나 세미나를 다녀온 이후 완전히 생각이 바뀌게 되었다.

잘 생각해보면 우리는 첫인상으로도 사람을 판단하곤 한다. 그 동안 자신이 살면서 얻은 경험을 통해 '저 사람은 선해 보여' 또는 '사기꾼 같아', '믿을 만해 보여' 등으로 판단하지 않는가.

《에니어그램의 이해》의 저자 리처드 리소(Don Richard Riso)는 이렇게 말한다.

"에니어그램 성격 유형은 과거로부터 전래된 수많은 지혜의 현대적인 종합체다."

그렇다. 에니어그램은 고대부터 축적된 인간 유형에 대한 데이터다. 우리 개개인의 경험을 분류한 것과는 비교할 수 없게 오랜 시간, 여러 사람을 통해 검증된 데이터다. 그래서 신뢰할 수 있는 것이다.

물론 나도 여전히 사람을 성격 유형'만'으로 분류한다는 것에는 동의하지 않는다. 왜냐하면, 우리의 자아를 규정하는 데는 성격뿐만이 아니라 종교, 지역, 직업, 취미 등이 모두 포함되기 때문이다. 이처럼 성격은 우리의 자아를 분류하는 여러 기준 중 하나다. 그리고 이 성격 유형을 분류하는 도구로써 에니어그램이 매우 탁월하다는 것은 오랜 시간 여러 사람을 통해 검증되었다.

많은 사람이 에니어그램을 단순히 성격 유형이라고 오해하고 있다. 하지만 에니어그램은 고대부터 영성 개발의 도구였다. 즉, 자신의 존재에 대한 바른 이해뿐만 아니라, 의식의 변화와 성장을 다루는 도구였다는 말이다. 에니어그램의 진정한 가치는 여기서 드러나는 것이다. 고대에서부터 영성가들은 에니어그램을 주로 사용했다. 이슬람의 수피, 유대의 카발라, 예수회 수도사, 사막의 교부들이 에니어그램을 자신의 영성을 다루는 도구로 사용했던 흔적들을 찾아볼 수 있다. 그래서 더 신뢰할 수 있다.

우리는 참으로 바쁜 세상을 살아가고 있다. 하지만 우리의 소중한 관계마저 바쁠 수는 없다. 관계가 꼬여가고 있다는 생각이 들 때 우리는 잠시 멈추어 뒤돌아보아야 한다. 너무도 소중한 관계를 잠시 멈추고 돌아보아야 한다. 그러기 위한 도구는 여러 가지가 있겠지만, 내가 경험한 바로는 에니어그램만큼 매력적인 도구가 없다. 에니어그램을 통해 나를 알고, 상대를 이해함으로써 우리는 더욱 성숙하고 발전된 관계를 만들어나갈 수 있을 것이다.

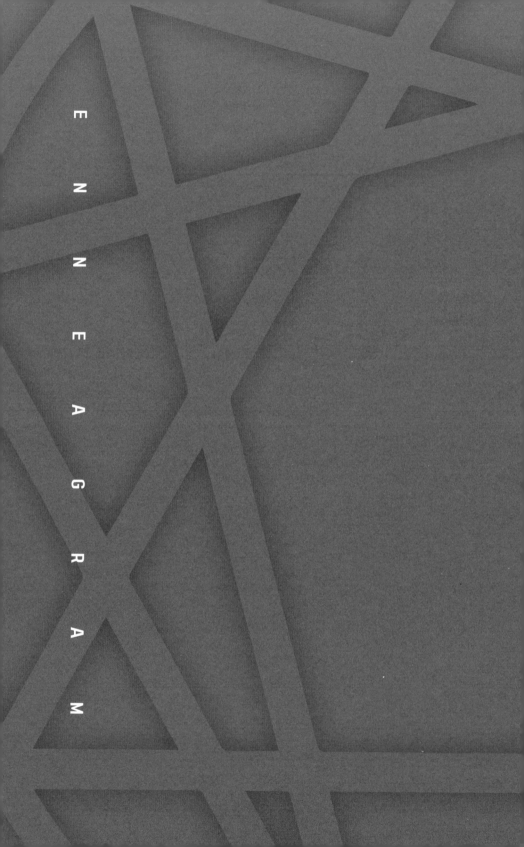

ENNEAGRAM

관계를 읽는
에니어그램 기술

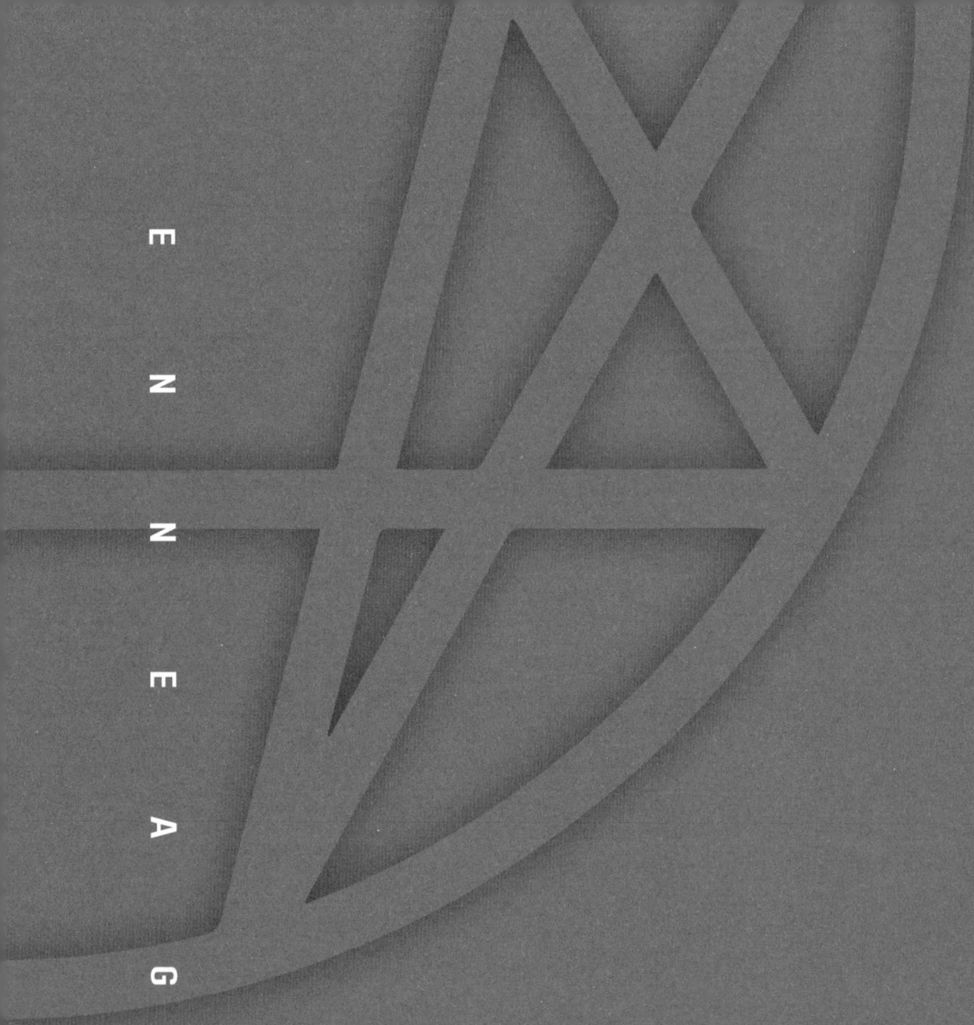

ENNEAGRAM

1번 유형
완벽함을 추구하는 '개혁가'

핵심 Key word
#원칙주의 #완벽함 #계획적 #정리 정돈 #양심적 #윤리적

일반적인 성향
모든 일이 체계적이고 **완벽**하기를 원한다. 아무리 시간이 오래 걸리고 많은 노력이 필요하다고 하더라도 일을 정확한 방식으로 완벽하게 처리하는 것을 좋아한다. 원칙을 중시하며, 다른 사람들에게도 지킬 것을 강조한다. 이들은 계획을 잘 세우고, 그것에 따라서 행동한다. 보통 규칙적인 생활이 습관으로 자리 잡혀 있는 경우들이 많다. 무언가 할 것이라고 말하면 반드시 그것을 해내고 만다.

지금 현재의 세상보다 더 좋은 세상을 만드는 것이 자신의 책임이라고 생각하기도 한다. 어떻게 하면 더 바른 사람이 될 수 있을지를 생각하는 데 많은 시간을 투자한다. 자기 내면에 스스로 가지고 있는 **규율**이 무척이나 많다. 사물을 바라볼 때 옳거나 그른 것 두 가지로만 보는 경우가 많다. 융통성이 부족하다 보니 예외적인 상황을 쉽게 받아들이지 못한다.

어떤 물건이 삐뚤어져 있거나 제자리에 없을 때는 즉시 알아챈다. 모든 물건이 **제자리**에 있어야 마음이 편하다. 휴지통 옆에 떨어진 쓰레기는 남이 안 볼 때 슬그머니 주워 담는다. 책이나 문서에서 오타가 눈에 잘 띄고, 그것을 고쳐야 마음이 편하다. 일이나 사람에 관해서도 마찬가지다. 다른 사람이 자신이 해야 할 역할을 하지 않을 때 굉장히 실망한다.

변화를 쉽게 받아들이기 어려워하고, 반복적인 것을 더 좋아한다. 협업해서 일할 때는 최선을 다한다. 그리고 다른 사람들도 최선을 다하길 바란다. 그래야 일을 다시 번복해서 하지 않는다고 생각하기 때문이다. 어떤 일을 바로잡기 위해 다른 사람들보다 자신이 더 열심히 노력한다는 생각을 자주 한다. '왜 사람들은 나만큼 신경을 쓰지 않지?'라는 생각을 종종 한다.

칭찬이나 감사를 잘 표현하지 못한다. 이에 비해 비판이나 비난을 잘한다. 그러다 보니 다른 사람들이 느끼기에 이들은 좀 심하게 비판적으로 보인다. 특히 이들은 실수를 하지 않으려 노력하다 보니 긴장하고 머뭇거리는 경우들이 많다. 완벽하게, 그리고 원칙적으로 행하라는 **내면의 목소리**가 계속해서 들리기에 이들은 긴장을 풀고 이완하기가 쉽지 않다.

주변에 누군가 새치기를 하거나 규칙을 무시하면 마음이 불편하다. 이들 자신도 규칙을 지키지 않거나 위반하는 것을 좋아하지 않는다. 친한 친구라도 불법을 저지르면 쉽게 넘어가기 어렵다. 이들은 누군가를 용서하는 것이 쉽지 않다.

장형(1, 8, 9번 유형)의 핵심 감정인 분노를 지니고 있다. 8번 유형은 분노를 밖으로 표출하고, 9번 유형은 분노를 외면한다. 이에 반해 1번 유형은 **분노**를 안으로 표출하는 유형이다. 1번 유형에게 화가 난 거냐고 물어보면, 이들은 자신은 화가 난 것이 아니라고 말한다. 하지만 주변 사람은 이들이 지금 화가 나 있다는 것을 알고 있다. 1번 유형만이 이를 인정하지 않을 뿐이다.

말투는 보통 훈계조다. 그리고 실제로 잔소리가 많다. 설사 자신은 그렇게 하지 못할지라도 다른 사람에게는 높은 기준을 제시하고 요구한다. 1번 유형의 주변 사람들은 이를 잔소리로 여기고 있고 대부분 힘들어한다. "~해야 한다"라는 말을 자주 사용한다.

청결에 집착하는 경우가 많아서 결벽증으로 인해 본인과 가족이 고생하는 경우가 많다. 날마다 몇 시간이 걸리더라도 집 안 청소를 깨끗하게 해야 마음이 편한 1번 유형이 많다. 이들은 차를 잠시 사용하더라도 청소하는 데 많은 시간을 소요하기도 한다.

어린 시절

어려서부터 모범적인 생활을 하려고 애를 쓴다. 정직하며 규칙을 잘 지킨다. 깔끔하고 청소와 정리를 잘한다. 약속을 잘 지키고 책임감 있게 행동한다. 규칙을 배우면 문자 그대로를 따른다. 다른 아이들과 비교하는 데 에너지를 많이 사용한다. 이야기를 나눌 때도 자기 자신에 대한 이야기보다 다른 아이들과 비교하는 이야기를 많이 한다. 융통성이 부족하고 고집이 센 편이다. 상대의 감정에 집중하지 못하고 흑백논리로 판단하는 경향이 짙다.

이들은 특히 아버지와 연결이 단절된 경우가 많다. 과하게 엄격하거나, 너무 모호하거나, 필요한 부분이 결여되어 있다고 느끼는 경우가 많다. 너무 과한 기준에 심하게 좌절을 느끼거나, 반대로 빈약한 기준으로 인해 이들은 자신만의 기준이나 규칙을 가져야 한다고 느꼈다.

보통일 때

잘못된 점이나 결함에 대해 지적하고 판단하며 비교한다. 문제점 발견 시 개선시켜야 한다는 책임감을 갖고 있다. 이런 면에서 이상주의자다. 실수를 두려워하며 내면의 비판적인 목소리에 시달린다. 부족함이나 결함을 받아들이려고 많은 애를 쓴다. 금욕적인 면이 있으며 자기 감정 표현조차 스스로 제한하려고 한다. 까다로운 편이며 다른 사람의 말과 행동을 지적하고 고쳐주려 한다. 자신이 지시한 사항에 대해 이행하지 않으면, 참을성이 부족해져서 반복해서 지적하고 비판한다. 자기 생각에 부당한 행위에 대해서 분노한다.

성숙할 때

삶과 관계에 있어서 **균형**이 잡혀 있다. 책임감이 있다. 자기 자신과 다른 사람의 불완전함을 인정하고 용서할 줄 안다. 성실하고 봉사한다. 원칙을 준수하지만, **인내심**이 있다. 그래서 조급하지 않으면서 분명하게 세상을 더 좋은 곳으로 만들어간다.

자신에 대한 강한 확신을 가지고 있다. 도덕적이고 윤리적인 가치 기준이 높다. 공정하고 객관적이며 원칙 중심적이다. 남들을 격려하고 다독일 수 있다. 인간적이며 성숙한 인격을 가지고 있다.

성숙하지 못할 때

아주 작은 결함에도 신경을 곤두세운다. 자신들이 할 수 있는 아주 세세한 것까지 지나치게 예민하게 신경을 곤두세우고 있다. 누군가에게 또는 무엇에 대해 자신의 지배권을 주장하는 것을 유일한 위로와 안심으로 삼고 있다.

모든 면에서 지나치게 이분법적으로 판단하려고 든다. 주변 사람들에게 '참을성이 없고 융통성 없이 자기주장만 하는 꽉 막힌 사람'이라는 평가를 자주 듣는다. 다른 사람은 신랄하게 비판하면서 자신의 행동은 합리화를 잘한다. 다른 사람의 잘못된 행동이나 태도에 관해서는 강박적 태도를 보인다. 하지만 자신은 오히려 상반된 행동을 하는 모습을 보인다. 자기 실수에 대해 자책하고 스스로 처벌하며 우울증과 신경쇠약에 빠지기도 한다.

2번 유형
남을 잘 도와주는 '조력가'

핵심 Key word
#친절 #이타주의 #관계 중심 #풍부한 감정 #배려 #돌봄 #봉사

일반적인 성향

감정이 풍부하고 **따뜻한 마음**을 가지고 있다. 친절하며 다른 사람을 도와주는 것을 좋아한다. **관계 중심**적인 이들은 사람들과 함께 있는 것을 행복해하며, 사람들이 안전하고 편안한 기분이 들도록 하는 데 놀라운 기술이 있다. 다른 사람을 배려하는 습관이 몸에 배어 있다. 동정심이 많으며 태생적으로 폭력을 싫어하는 사람들이다. "힘들지?", "도와줄까?", "필요한 것 있어?"라는 말을 자주 사용한다. 손이나 어깨 등 신체 접촉으로 관심을 표현할 때가 많다.

자기 일을 하지 못하더라도 다른 사람을 **도와야** 자신의 마음이 편하다. 다른 사람의 필요나 요구를 누구보다 즉각적으로 잘 알아차리고, 가장 우선시한다. 많은 사람이 도움을 요청할 때 자신을 가치 있는 사람처럼 느낀다. 다른 사람에게 주는 것은 잘하지만, 받는 것은 어려워한다. 다른 사람에게 도움을 받고 나면 꼭 갚아야 한다고 생각한다. 다른 사람이 부탁할 때 '아니오'라는 말을 하지 못해서 문제가 발생하곤 한다.

착한 사람이 되고 싶어 한다. 다른 사람들이 착한 사람이라고 **칭찬**해주기를 바란다. 겉으로 보면 다른 사람의 필요를 도와주는 것으로 만족하는 듯 보인다. 하지만 속으로는 칭찬과 사랑 등 보이지 않는 **대가**를 항상 바라고 있다.

2번 유형은 다른 사람들의 **반응**으로 천국과 지옥을 오가는 사람이다. 다른 사람들이 칭찬해주면 천국이 되고, 고마워해주지 않으면 지옥을 경험한다. 다른 사람의 반응으로 자신의 존재가치를 결정한다. 혹여라도 상대가 고마워하지 않거나 도움을 거절하게 되면 마음이 편하지 않다. 배신감을 넘어 적대감을 느끼게 되기도 한다. 자신은 늘 필요한 사람이 되어야 한다는 집착을 하고 있다. 반대로 다른 사람들이 자신을 필요로 하지 않을까 봐 두려움을 가지고 있다.

혼자 있는 **시간**을 힘들어한다. 자기 내면을 바라보는 것을 어려워한다. 그래서 다른 사람들의 필요는 정확히 찾아낼지 모르지만, 정작 자신의 필요를 찾는 것을 잃어버린 사람들이다. 이들은 혼자 있는 시간을 힘들어하기 때문에 이 시간조차 관계를 위한 시간으로 활용하며 주로 전화를 하거나 SNS를 사용한다. 시간은 다른 사람을 만나서 개인적인 관계를 맺는 기회라고 생각하고, 그렇게 해야 유익하게 시간 활용을 했다고 생각한다.

'나처럼 다른 사람들이 필요한 것을 알고, 도움을 줄 수 있는 사람이 누가 있어? 내가 없으면 다른 사람들이 어떻게 되겠어?'

2번 유형은 머릿속에 위와 같은 생각을 주로 하고 있다. 그래서 이들은 타인의 필요를 자신은 다 알고 있다고 생각한다. 이들의 마음 깊은 곳에는 '**교만**'이 숨겨져 있다. 자신은 무엇이든 할 수 있다는 생각이 그것이다. 그리고 다른 사람들이 이것을 알아주기를 바라지만, 그들의 욕구가 완벽히 채워지는 것은 불가능하다. 그래서 이들은 또한 다음과 같은 생각을 하고 있다.

'나는 이렇게 사랑이 많은데…. 다른 사람들은 왜 내가 주는 만큼 나를 사랑해주지 않지?'

말투는 보통 상냥하고 부드럽다. 칭찬을 잘해주고, 경청을 잘한다. 수다스럽기도 하며, 상대방 말에 대한 추임새가 큰 편이다. 때로는 다른 사람의 사생활(재정, 건강, 성생활 등)까지 묻는 실례를 범하기도 한다.

신앙을 가질 때 신을 의지하기 가장 어려워하는 사람들이기도 하다. 신 없이도 자신이 모든 것을 할 수 있다는 생각을 가지고 있기 때문에 이들은 보통 신을 필요로 하지 않는다. 그런데 정작 겉으로 볼 때는 신앙생활을 가장 잘하는 사람처럼 보이는 맹점을 가지고 있다.

어린 시절

착하고 순종적이다. 대체로 사교적이고 모두를 기쁘게 하려 노력한다. 자신을 좋아해주지 않을까 봐 걱정되어 장난감이나 먹을 것을 주면서 사랑을 얻거나 관계를 유지하려고 노력한다. 엄마가 다른 누구에게 잘해주면 질투한다. 자기의 물건을 잘 나누어주고 빌려준다. 잔혹하거나 비극적인 것을 싫어한다.

다른 사람들을 도울 때 칭찬과 보상을 받은 경험이 있다. 누군가를 도울 때 칭찬이나 미소를 얻어낼 수 있다는 것을 배우게 되면서 조력자가 되려고 한다. 예를 들어, 선생님을 도와 준비물을 나누어주는 일을 기꺼이 맡는다.

자신의 필요를 표현하는 것이 좋지 못하다는 말을 들은 적이 있다. 이들은 사실 가정의 보호와 편안함을 경험하지 못하고 자란 경우가 많다. 조건부 사랑을 받아왔다. 부모와 자녀 관계가 역전된 경우도 많다.

보통일 때

다른 사람들에게 가까이 가기를 원한다. 지나치게 친절하다. 감정적이고 과시적이기도 하다. 늘 다른 사람을 즐겁게 하려고 한다. 자신에게 필요한 것이 있어도 인정하지 않는다. 자신은 도움이 필요한 사람이 아니라 **도움을 주는 사람**이라고 생각한다. 자신의 필요나 감정을 표현하면 감정이 흔들릴 것이라 생각한다. 다른 사람이 자신을 필요로 한다는 걸 느끼게 하고 싶어 한다.

사랑이라는 이름으로 중재하지만 다른 사람이 자신을 **의존**하게 만들고 싶어 한다. 자신은 없어서는 안 되는 사람이고, 다른 사람들은 자신에게 빚을 지고 있다고 생각한다. 다른 사람으로부터 계속해서 감사와 존경을 받고 싶어 한다. 자신의 노력을 스스로 과대평가하는 경향이 있다. 힘 있는 사람들에게 매력을 느끼고, 그들이 자신을 필요한 사람이라고 말해주길 기대한다. 그리고 그들을 끌어들이기 위해 아첨을 잘한다.

성숙할 때

동정심이 많고 타인에게 관심을 둔다. 감정이입을 잘한다. 관대하고 헌신적이며, 이기적이지 않다. 생각이 깊고 진지하다. 마음이 따뜻하며 다른 사람을 잘 용서한다. 이들은 성숙할 때 우아하며 참을성이 많다. 다른 사람들과 좋은 관계를 유지하지만, 자신의 필요를 알고 그것을 추구한다. 적절한 경계를 가지고 있으며, 해야 할 일과 하지 말아야 할 일이 무엇인지 잘 구분한다. 타인에게 도움을 주지만 보상을 바라지 않고 **무조건적인 사랑**을 베풀 줄 아는 겸손한 사람이다. 다른 사람을 격려하고 감사하기를 마다하지 않으며, 다른 사람들의 좋은 점을 잘 보고 칭찬한다. '나는 다른 사람을 잘 돌보며 자신을 아낄 줄 아는 사랑스러운 사람'이라는 자기 이미지를 갖고 있다. 주변 사람들을 편안하게 해주고, 그들에게 안전한 공간을 제공해주기에 인기가 많다. 이들은 환경 변화에도 잘 적응할 수 있다.

성숙하지 못할 때

다른 사람들이 자신을 원하지 않는다고 생각하거나, 자신의 도움에 감사하지 않는다고 생각하는 2번 유형은 내면에 분노가 가득하고, 다른 사람들을 신랄하게 비판한다. 관계에서 종속적인 모습을 주로 보이고, 늘 자신이 손해를 보고 있다는 생각을 가지고 있다. 다른 사람을 자기 멋대로 다루려고 하며, 관계를 잃게 될까 봐 두려운 마음을 가지고 있다. 그래서 자신감이 없고 나약하다. 다른 사람들을 위해 자신이 얼마나 많은 노력을 하고 고통받고 있는지를 말함으로써 상대방에게 죄책감을 심어준다. 강박적인 사랑과 스토킹의 모습이 보이기도 한다. 폭식을 자주 하고 비만이 많다. 자신을 과소평가하고 비난한다.

3번 유형
성공을 중시하는 '성취가'

핵심 Key word

#성공지향 #목표지향 #효율성 #경쟁 #야망 #자신감 #노력 #일
중독

일반적인 성향

융통성이 많고 어느 유형보다 **성공지향**적이고 자신감이 넘친다.
성공과 성취에 대한 야망이 가득하며 에너지가 넘친다. 일할 때 누
구보다 빠르고 효율성 있게 처리하기 때문에 단연 돋보인다. 외모
도 보통 준수하고 성격 또한 깔끔하다. 관계에 있어서 자신이 승리
자라는 인상을 주는 것이 중요하다고 생각한다. 사람들 사이로 걸
어갈 때조차 다른 사람들에게 강렬한 첫인상을 심어주기를 좋아한

다. 효율성, 생산성 그리고 최고라고 인정받는 것이 이들에게 행복의 키워드다. 멀티태스킹이 독보적으로 뛰어나다.

성공과 일에 대한 욕심으로 인해 지나칠 정도로 **경쟁적**이기도 하다. 자신이 원하는 목표를 위해 사람들을 설득하는 방법을 찾아낸다. 측정이 가능한 목표를 세우고 그것을 성취하는 것을 상당히 좋아한다. 또한, 다른 사람들에게 자신의 업적과 성취를 알리는 것을 좋아한다. 성공에 대한 야망이 넘치기에 성공하는 사람들과 함께하기를 원한다. 성공과 자기계발 관련 강의와 책을 좋아한다.

주변 사람들을 독려하며 활기차고 좋은 분위기를 만들어내는 **분위기 메이커**다. 자신의 그룹에 성공할 수 있다는 믿음을 심어주는 사람이다. 어디서든 적응력이 상당히 뛰어나며 사교적이다. 카멜레온과 같이 자기가 있는 곳에 맞게 자기 변신을 잘한다. 언변이 뛰어나고 아부도 잘하는 실용주의자다. 시작한 일에는 자신의 모든 열정과 노력을 투자해서 헌신한다. 결과를 가장 우선시하는 유형이다. 그래서 실패할 것 같은 일은 절대 쳐다보지도 않는다.

실패를 두려워하기 때문에 어떤 일이 잘못되었을 때 그 원인을 외부에서 찾으려고 한다. 자신의 실패를 인정하길 죽기보다 싫어한다. 자신의 실수로 인한 실패는 잊을 수 없는 정신적 충격으로 남아 있다. 실패한 생각이 떠오르면 빠르게 그 생각을 지워버리려고 한다.

일에 대한 **욕심**이 많기 때문에 일을 더 효율적으로 끝낼 수 있다면 원칙을 좀 무시해도 개의치 않는다. 이들에게는 성공에 대한 욕심 때문에 일 중독 성향이 많이 나타난다. 그래서 주변 사람들로부터 일을 멈추는 법을 모른다는 소리를 자주 듣는다. 이들은 친절하고 예의 바르지만, 자신의 이익을 우선적으로 생각한다. 그러다 보니 다른 사람과의 정서적 교류 또한 깊게 나누기 어렵다.

가슴형(2, 3, 4번 유형)의 특징답게 타인에게 **보여지는 모습**에 민감하다. 세련된 정장을 즐겨 입는다. 돋보이려고 값비싼 명품을 입거나 갖고 다닌다. 성공하는 사람은 모든 사람에게 좋은 면만 보여야 한다는 생각을 갖고 있다. 힘들고 실패한 상황이라도 오랜만에 만나는 사람이 안부를 물으면 문제없이 다 잘되고 있다고 이야기하는 사람들이다.

성공한 사람들과는 가까이 지내려고 하지만, 무능한 사람이라고 생각되는 사람에게는 조금의 관용도 베풀지 않는다. 성공을 위해서라면 자신의 감정도 억누르고 바꿀 수 있다. 성공을 위해서 슬픔, 괴로움, 두려움 등을 보려고 하지 않는다. 인간관계도 효율성이 없다고 생각이 들 때는 냉정하게 돌아선다. 인간관계도 상처받지 않기 위해 깊게 관계를 맺지 않는다.

2번 유형은 자신의 감정은 잘 모르지만, 상대방의 감정은 정확히 잡아내는 능력이 있다. 반면에 3번 유형은 자신의 감정을 알아차리지 못할 뿐만 아니라, 상대의 감정조차 이해하지 못한다. 그래서 3번 유형은 가슴형이지만 가장 **가슴형**처럼 느껴지지 않는다. 이들에게 **감정**이나 느낌은 목표를 위해서 방해만 될 뿐이기에 거기에 너무 많은 시간을 사용하려고 하지 않는다. 어떤 슬픈 상황에서조차 이들이 슬퍼하는 것처럼 보이지만, 실제로는 슬픈 감정을 느끼지 않을 수도 있다. 이 말은 눈물을 흘리면서도 머릿속으로는 끝내지 못한 일을 생각하고 있을 수 있다는 것이다. 그 정도로 3번 유형은 성공 지향적이고 일 중독에 가깝다고 할 수 있다.

말투는 큰 목소리는 아니지만, 분명하고 또박또박하게 발음한다. 장황한 말을 싫어하고 핵심만 간단하게 줄여서 전달하는 것을 좋아한다. 회의나 발표가 있을 때는 미리 할 말을 준비하고 연습한다.

어린 시절
주변 사람들이나 어른들로부터 어떤 성취를 이루었을 때 칭찬을 자주 들었다. 뛰어난 성취를 이루고 경쟁에서 이겼을 때만 칭찬을 받을 수 있다는 생각을 주로 했다. 학급회장이나 리더 역할을 주로 하면서 자랐다. 예의 바르고 잘했다는 칭찬을 많이 들으면서 자랐다.

부모님의 기대와 사회적으로 인정받는 것이 학업적 성취 또는 예체능적 성과를 내는 것임을 알고 노력해왔다. 부모님의 기대와 사회적으로 원하는 이미지에 맞추어가느라 정작 자신의 본래 성향과는 상관없이 억지로 해왔을 가능성이 크다. 실패를 받아들이기 어려워한다. 자신이 성취하는 것으로 사랑받는다고 생각하기 때문에 집중을 잘하지만, 경쟁적인 사람이 되었다. 어느 유형보다 눈에 띄기를 원하고, 그런 행동을 잘한다.

보통일 때

성과에 매우 관심이 많다. **성취**를 이루려고 과도하게 자신을 내몰곤 한다. 실패를 가장 두려워하고 다른 사람들과 자신을 자주 비교한다. 쉴 수 있는 시간조차 무언가를 해야 한다는 생각으로 자원봉사를 하기도 한다. 사회적으로 성공하는 것을 중요하게 생각하고 노력한다. 자신의 실력에 자신감을 가지고 있지만, 겉으로 보이는 이미지에 신경을 많이 쓴다. 다른 사람들의 기대에 맞추어 자신의 이미지를 포장한다. 자신의 뛰어난 점으로 다른 사람들에게 어필하며, 남에게 드러내기를 좋아한다. 유명한 사람과의 개인적인 친분 관계를 자랑한다.

성숙할 때

매우 긍정적이고 뛰어난 회복력을 가지고 있다. 자신감이 넘치며, 자신을 개발하고 성장시키려 노력한다. 가능한 한 최상의 인물이 되려고 한다. 능력이 뛰어나고 목적을 달성하는 데 근면하고 집중력이 뛰어나다. 자신의 업적을 더 이상 과시하려 하지 않고, 다른 사람의 업적을 진심으로 축하해줄 수 있다.

더 이상 **실패**를 두려워하지 않고, 실수를 통해 깨달은 것들을 공개적으로 나눌 수 있다. 3번 유형만이 가진 탁월한 기술로 조직이 더 효율적으로 일을 마칠 수 있도록 돕는다. 자신이 이룬 성취가 아닌 **존재의 중요성**을 인식하고 있다. 외부보다 내면을 보려고 하고, 자신을 있는 그대로 수용하며, 겸손한 마음으로 자신을 끊임없이 개선시키려고 노력한다. 자비롭고 너그러우며 현명하다.

성숙하지 못할 때

자신의 실패를 받아들이지 못하기 때문에 마치 자신이 뛰어난 것처럼 기만하며 행동한다. 주변의 관심을 받으려고 엄청나게 노력하고 애쓴다. 자신의 성공적인 이미지를 유지하기 위해서 자신의 성과와 업적에 대해서 없는 이야기를 지어내곤 한다. 다른 사람뿐만 아니라 자신까지 속여서 자신의 잘못조차 보지 못한다. 경쟁심이 강하고 참을성이 없으며, 편협하고 복수심 강한 사람이 된다.

4번 유형
특별함을 지향하는 '예술가'

핵심 Key word

#낭만적 #아름다움 #창의적 #개인적 #우울 #내성적 #자기연민
#감각적 #상상

일반적인 성향

창의적이고 감성이 풍부하다. 평범한 것에서 아름다운 것을 끌어낼 수 있다. 그래서 평범한 것을 그렇게 좋아하지 않는다. 이들은 대개 저절로 눈에 띄는 사람들이다. 감각적이며 예술 방면에 뛰어난 재능이 있다. 자신의 느낌을 춤과 음악으로, 그림과 시로 표현하는 것을 좋아한다. 내면의 깊은 감성과 만날 수 있는 사람이기 때문에 예술가들이 많다. 연기를 하게 되면 깊은 감정을 누구보다 섬세하게 표현할 수 있는 사람들이다.

수줍음이 많지만 친근하고 따뜻하다. **감수성**이 풍부하고 품위가 느껴진다. 다른 사람의 감정에 공감을 잘한다. 4번 유형이 노래를 하면 깊은 감정을 섬세하게 잘 표현한다. 그래서 4번 유형의 가수들은 신나는 댄스곡보다 애절한 가사의 발라드를 주로 부른다.

2번 유형은 다른 사람을 도와주는 방식으로, 3번 유형은 능력과 성과물을 보여주는 방식으로 관심과 인정을 얻어낸다. 4번 유형은 자기만의 개성과 **독특함**을 보여줌으로 관심과 사랑을 받고 싶어 한다. 외모에서도 자신만의 스타일을 추구한다. 고가의 유명브랜드 제품을 좋아하는 3번과 달리, 4번 유형은 브랜드와는 상관없이 자신만의 개성을 나타내기를 좋아한다.

자신이 속한 모임의 분위기와 느낌, 상황을 어렵지 않게 잘 파악할 수 있다. 그러나 사람들이 많은 모임에서는 자신의 자리를 잘 찾지 못할 때가 많다. 모임에 참여할 때 **움츠러드는** 성격이라 잘 나서지 않는다. 적극적으로 다른 사람에게 다가가기보다는 다른 사람들이 다가오기를 기다리며 뒤로 물러나 있는 편이다. 시간이 지나 적응이 되고 흥이 날 때라야 발언하기 시작한다. 은근히 주목받는 것을 좋아해서 모두가 경청할 때 발언하는 것을 좋아한다.

창의적인 아이디어를 잘 제시하지만, 그것을 직접 실행하는 것은 어려워한다. 그래서 무언가 일을 시작하기는 쉽지만, 일을 유지하고 끝을 맺기가 쉽지 않은 사람들이다.

나이를 먹을수록 자연을 좋아하고, 홀로 낯선 곳에 여행을 떠나는 것을 좋아한다. 이국적이고 신비로운 것에 이끌린다. 집시 근성이 있어서 한곳에 오래 정착해 있는 것을 어려워한다.

이들에게 시간의 기준은 **감동**이다. 지루하고 반복적인 일, 창조적이지 않다고 생각되는 일들을 견디기 힘들어한다. 감동이 진할수록 시간은 빠르게 흘러간다.

6번 유형이 미래에 대한 근심과 걱정을 안고 살아가고 있다면, 4번 유형은 과거에 대한 회한과 후회를 짊어지고 살아간다고 할 수 있다. 그들은 과거의 아쉬움으로 한숨 쉬는 경우가 많다.

주변 사람들에게 예민하다는 말과 이성적이기보다 감정적이라는 말을 자주 듣는다. 무심하다는 말도 듣지만, 자신은 독특한 것이라고 생각한다. 다른 사람과 달리 자신에게만 무언가 **결여된** 것과 같은 느낌을 잘 받는다. 그 결여된 느낌에 몰두한 나머지 지금 자신이 가지고 있는 훌륭한 자질에 대해서는 잘 보지 못한다. 우울해지면 짜증을 내거나 기운을 내서 벗어나려고 하기보다는 그냥 우울감 자체를 편안하게 느낄 수 있는 사람들이다. 그래서 맑은 날씨보다 오히려 추적추적 비 오는 날씨를 좋아하기도 한다.

말투는 신중하고 작은 소리로 천천히 말한다. 화가 나면 냉소적인 말투로 변한다. 이로 인해 가까운 사람들에게 상처를 쉽게 줄 수 있다. 시적인 표현을 자주 사용한다. 감동적인 이야기를 생생하게 묘사하며, 이를 위해 과장도 잘하는 편이다.

어린 시절

내성적이고 감수성이 풍부하다. 어리지만 세련되고 우아한 감각을 가지고 있다. 자신감이 부족하고 자신에 대해 낮게 평가한다. 감정에 너무 매몰되어서 자신이 해야 할 것들을 하지 못하는 경우가 많다. 상처를 받기 쉽고 작은 일에도 우울감을 느낀다. 때로는 상대의 말을 너무 개인적으로 받아들이는 오해를 잘한다.

부모의 죽음, 이혼, 편애, 신뢰할 수 없는 부모 등 큰 상실의 경험을 했다. 이는 실제로 경험했을 수도 있고, 단지 감정적인 느낌만일 수도 있다. 실제로 이런 근원적 사랑의 **상실**을 경험하게 되면서 그 근원을 찾아 내면으로 향하게 되었다. 그리고 그 사랑의 근원을 상상 속에서 창조하게 된다. 4번 유형의 갈망은 이 잃어버린 사랑을 향해 있는 것이다. 그리고 이런 상실감의 원인이 자신에게 있다고 생각해서 자신을 자책하고 저평가하는 경향이 있다.

보통일 때

수줍음이 많은 편이다. 다른 사람들에게 어떻게 다가갈지 생각을 많이 하는 편이다. 자신을 우아하게 보이고 싶어 하고, 자신을 표현하는 것에 많은 공을 들인다. 자기 내면의 이미지 보호를 위해 다른 사람들에게서 떨어져 있으려 한다. 자기 **정체성**에 위기가 찾아올 때는 가까운 사람들과도 거리를 둔다. 감정적으로 예민하고 상처받기 쉽다. 자신과 다른 사람은 매우 다르다는 생각을 가지고 있다. 어려운 상황이 닥치면 자기 **상상** 속에서 살아가려는 경향이 있다. 자신의 긍정적인 면보다 부정적인 면을 더 크게 보기 때문에 자기연민이 강하며 다른 사람을 부러워한다.

성숙할 때

매우 창의적이고 사색적이다. 개인적이고 일반적인 감정을 예술적인 형태로 표현해서 아름다움을 선사한다. 자신의 모든 경험을 가치 있는 것으로 승화시킨다. 내면에서 깊은 **통찰**을 끌어 올려 타인에게 깨달음을 전달한다. 쉽게 상처받는 듯하지만 감정적으로 강한 내면을 가지고 있다. 자신에 대해 표현하기를 주저하지 않으며 자신과 다른 사람에 대해 예민한 통찰력이 있다.

자기 자신을 발전시키기 위해 끊임없이 노력하며 자기 존재의 의미를 찾으려 한다. 자신의 느낌과 내면의 요구를 알고 잘 이해하고 있다. 정이 많고, 재치 넘치며, 배려할 줄 알고, 다른 사람을 질투하지 않고 존경할 수 있다. 누군가의 사랑을 얻기 위해 **특별한** 존재가 될 필요가 없음을 안다.

성숙하지 못할 때

자신의 목적이 이루어지지 않을 때 자신에게 분노하며, 주변 사람에게도 만족할 만큼 도와주지 않았다는 이유로 화를 낸다. 자주 우울감에 빠져들고, 가까운 사람들에게조차 스스로 소외감을 느껴 감정적으로 멀리한다. 수치심을 많이 느끼며 자신이 제대로 기능하지 못하고 있다고 생각한다. 다른 사람을 비난하며 자신을 도우려는 사람에게서조차 도망치려고 한다. 자신을 쓸모없고 의미 없는 존재라고 여기며 심각하게 의기소침해진다. 자기비하에서 벗어나기 위해 술이나 약물에 빠지는 경우가 많다. 극단적인 경우, 신경쇠약에 걸리기도 한다.

5번 유형
지식에 대한 탐구심이 강한 '사색가'

핵심 Key word
#사색적 #통찰력 #호기심 #논리적 #허무주의 #독립적 #중립적

일반적인 성향

객관적이고 질문이 많은 편이다. 사물을 세밀히 탐구하는 데 흥미를 느끼는 연구가들이다. 현실적이고 통찰력이 있다. 어떤 진리에 관해 다른 사람들이 진지하고 객관적으로 인식하는 데 도움을 줄 수 있다. 이들은 부드럽고 예의 바르며 점잖다. 자기성찰을 많이 하고 온유하며 모든 면에서 **신중한** 편으로, 시간과 에너지를 사용하는 데 역시 신중하다. 그래서 사교적인 잡담보다는 지적 깊이가 있는 대화를 좋아한다. 새로운 사실에 대해 수용적이고 개방적이다. 말수가 많지 않은 이들은 일정한 정보가 수집되기 전까지는 섣부르게 말하지 않는다.

모든 5번 유형이 똑똑하다고 할 수는 없지만, 확실한 것은 대부분이 **관찰력**이 탁월한 사람들이라는 것이다. 어떤 일이 발생할 경우, 사실관계를 잘 살펴보고 모든 각도에서 상황을 따져본 후, 어떻게 행동해야 하는지 사리에 맞는 판단을 제시할 수 있다. 심지어 사건을 객관적으로 바라보기 위해 감정까지 최대한 멀리할 수 있는 이들이다. 상당히 중립적이고 **논리적**인 판단을 할 수 있다. 이들은 느낌이나 감정보다 사고가 훨씬 믿을 만하다고 생각한다. 이들은 최대한 객관성을 유지하고 합리적 판단에 근거해 행동한다.

혼자 있는 시간을 좋아하고, 혼자 있는 시간이 필요하다. **사적**인 공간과 영역을 소중히 생각하고 지키고 싶어 한다. 자신의 프라이버시를 소중하게 생각하기 때문에 자신에 대해 몇 가지 구체적인 질문 정도는 괜찮지만, 너무 많은 정보를 바라는 것은 좋아하지 않는다. 자신의 느낌이나 감정을 물어본다면 대답해줄 수는 있지만, 더 물어보지 않기를 바란다.

그냥 놀고 즐기기 위해 파티를 하거나 모임을 갖는 것을 5번 유형은 이해하기가 어렵다. 시간을 낭비하고 있다고 생각한다. 보통

5번 유형은 사람들과 자연스럽게 어울리는 데 **서툴**다. 규모가 큰 사교모임보다는 소수 사람들과 함께 있는 것을 더 선호한다. 모임 안에서 아무런 정보 없이 있으면 상당히 불편하다. 사람들과 너무 오래 있어야 하는 상황이 되면 피곤해진다. 가끔씩 다른 사람들과 있을 때 어색한 느낌이 들 때도 종종 있다.

이들은 말수가 적고 관계에 어리숙하게 보이기도 한다. 하지만 이것은 이들의 또 다른 대화 전술이다. 말이 많은 사람들의 말이 공허하고 내용이 없는 경우를 자주 본다. 반대로 5번 유형은 꼭 **필요한 말**을 함으로써 그들의 말에 더 큰 무게를 싣는다. 때로는 침묵이 더 진지한 대화의 무기가 될 때가 있는 것처럼.

이들은 자신을 잘 돌볼 수 있다고 여긴다. 그에 반해 다른 사람들은 시간이나 자원, 돈 등을 낭비하고 있다고 생각한다. 자신은 자신이 가진 것들을 잘 지키는 편이라고 생각한다. 하지만 이들은 물질적인 소유만으로 행복감을 느끼기 어렵다. 물질보다 **지식**과 통찰력을 더 상위에 놓는다.

이들에게 관계는 **플라토닉**적 사랑에 가깝다. 육체적으로 가까이한다고 이들과 가까워지지 않는다. 이들은 오히려 멀리 있을 때 더 따뜻한 감정을 느낄 수 있는 사람들이다. 혼자 있는 시간이 충분히 주어질 때 사랑과 우정의 감정을 더 키우는 사람들이다. 5번 유형은 주변 사람들과 함께할 때 스스로는 표현을 충분히 했다고 생각하지만, 주변의 사람들은 보통 이들을 경직된 사람으로 느낀다.

부모의 역할을 굉장히 힘들어하는 유형 중 하나다. 왜냐하면 이들은 개인적인 공간과 시간이 반드시 필요한 사람들이기 때문이다. 이런 이유로 5번 유형은 결혼과 출산을 회피하는 경향이 높다. 아이들은 계속해서 부모에게 무엇인가를 바라는데, 5번 유형은 이것을 힘들어하는 것을 넘어 두려워한다. 5번 유형은 정기적으로 혼자만의 시간을 갖고 충전을 해야 하는 사람이다.

말할 때 목소리가 크지 않고 논리에 맞게 차근차근 말한다. 대체로 흥분하지 않으며 과장된 표현도 좋아하지 않는다. 감정 표현이 거의 없으며, 얼굴에서 감정 변화를 찾기도 쉽지 않다. 웃을 때조차 동작이 크지 않다. 같은 말을 반복하는 것을 싫어하며, 다른 사람이 반복해서 물어보는 것도 싫어한다.

어린 시절
보통 조용한 성격을 가지고 있다. 호기심이 많고 생각이 많다. 책을 읽거나 수집하는 것을 좋아한다. 말수가 적고 주변 환경에 영향을 받지 않으려고 애쓰며 자기 자신에게 관심을 둔다. 독특한 옷보다는 평범하고 편한 복장을 좋아한다.

부모로부터 떨어져서 자라 따뜻한 애정과 다정한 접촉을 받지 못한 경우가 많다. 이럴 경우, 자기감정을 표현하고 육체적으로 표현하는 능력이 개발되지 못한다. 어떤 5번 유형은 강압적이거나 지나치게 간섭받는 환경에서 자란 경우도 있다.

이런 경우, 이들은 유일하게 방해받지 않을 수 있는 공간인 내면세계로 들어간다. 어린 시절 종종 자신이 보이지 않는다고 느끼곤 했다. 그리고 어른이 되어서는 가끔 자신을 보이지 않는 것을 스스로 선택하기도 한다.

보통일 때

행동하기 전에 모든 것을 머릿속에서 **시뮬레이션**해보는 과정을 거친다. 자기가 하는 일이 전문화되기를 원하고, 종종 기존의 하던 방식을 넘어 새로운 방식을 제시한다. 사회적으로 인정받고 보장받는 분야보다는 다른 사람들이 이해하기 어려운 주제나 학문에 더 관심을 갖고 빠져드는 경향이 있다. 다른 사람이 강압적이거나 감정적으로 개입한다고 느낄 때 방어적인 태도를 보이며, 공격적인 모습도 함께 보여준다.

자신의 개인적인 **관심사**를 방해하거나 간섭하는 모든 것에 적대적인 모습을 보인다. 자신을 무능력하게 느끼게 하는 어떤 문제를 해결하기 위해 늘 애쓴다. 이들은 자기 자신을 믿는다. 이것은 어떤 사안에 대해 잠시 숙고한 후에 자신만의 결정을 내릴 수 있음을 의미한다. 이들은 외부세계로 나가 참여하기보다는 집에서 그것을 사색하고 관찰하면서 더 많은 것을 느낀다.

성숙할 때

호기심이 많고 예리하게 진리를 탐색하고 있다. 자신의 관심 분야에 몰입하면서 새로운 것을 창조하며 많은 시간을 보낸다. 새로운 지식을 배우고 탐구하는 것을 좋아하며 한 분야의 전문가로서 성실함과 꾸준함을 갖고 있다. 독립적으로 사고하고 혁신적이며 상상력이 풍부하다. 미래에 대한 **예지력**을 가지고 세상을 전체적으로 이해한다.

관계에서 관찰에만 머물지 않고 적절한 **균형**을 유지하며 참여에도 힘쓴다. 다른 사람들과 편하게 어울릴 줄 안다. 삶의 여러 분야에 깊이 있는 지식을 가지고 있다. 그리고 자신이 찾은 것을 다른 사람들에게 기쁘게 나누어줄 수 있다.

성숙하지 못할 때

어떤 일에 관해서건 다른 누구에게도 의존하고 싶어 하지 않는다. 주변의 관심과 애정을 거절하고 반박한다. 사람들로부터 고립되어 은둔적인 모습을 보인다. 종종 다른 사람을 판단하거나 냉소적으로 일관할 때가 많다. 적대감을 상당히 강하게 표출한다. 독설적이기도 하지만, 한편으로는 다른 사람으로부터의 공격을 두려워한다. 상당히 불안해하며 안정감을 잃은 모습을 보인다.

6번 유형
안정과 성실을 추구하는 '충성가'

핵심 Key word

#안전제일 #충성 #책임감 #우유부단 #의심 #변치 않는 친구 #
위기에 강함

일반적인 성향

맡은 일에 성실하며 책임감이 강하고 믿음직하다. 규칙을 잘 지
키며 집단에 **소속**되기를 원한다. 집단 안에 있을 때 안전함을 느끼
고 자유롭게 활동할 수 있다. 협동적이고 조화롭다. 보통 모범생이
다. 위험에 대한 인지 능력이 누구보다 탁월하다. 위기 발생 시 당
황하지 않고 누구보다 신속하고 적절하게 대응한다. 권위에 충성하
지만, 권위에 문제가 발생하면 주저하지 않고 대항하기도 한다.

유순하며 어린아이 같은 순수함과 단순함이 이들의 매력이다. 이들에게 의견을 물으면 대답을 듣기 어려울 수도 있다. 생각이 많다 보니 생각을 너무 오래 하기 때문이다. 혹여 대답을 듣는다고 해도 대부분 "글쎄", "모르겠어", "그냥 아무거나", "네가 결정해" 등의 말을 듣게 될 것이다.

안전하고 확실해야 한다는 생각을 갖고 있다. **모든 경우의 수**를 두고 생각하기 때문에 두려움 속에서 살아간다. 세상은 위험하고 적대적이라는 생각 때문에 안전을 위해 법과 규칙, 규범 등을 잘 지키려고 한다. 이들은 목표나 꿈보다는 안전한 울타리를 구축하고 유지하는 데 관심을 두고 있다.

제 생각대로 행동하기를 두려워해서 어떤 판단이 필요한 상황이 되면 **우유부단**해진다. 너무 많은 정보 때문에 제대로 된 분석을 하지 못해서 자기 생각을 스스로 믿을 수 없기 때문이다. 그러니 결정을 내리고 나서도 자신의 내면에 확신이 없기 때문에 번복하는 경우도 잦다. 자신이 올바른 결정을 내렸다고 확신하는 일은 극히 드물다. 이들은 자신이 결정을 내릴 필요가 없는 일정하게 정해진 일을 할 때 가장 편안하고 안전하게 느낀다. 어떤 결정을 내려야 할 경우, 동료나 가족, 전문가에게 조언을 구해야 마음이 편하다.

일을 잘한다는 말을 듣고는 싶지만, 직장 상사가 **책임**을 더할 경우 상당히 예민해진다. 책임을 다하지 못할까 하는 두려움이 크기 때문이다. 정작 일을 맡게 되면 누구보다 성실히 잘하지만, 책임이 더해지는 상황을 어려워하기 때문이다.

항상 **최악의 상황**까지 생각하고 계획을 세우는 사람이다. 그렇기 때문에 위기 상황에서 재빨리 행동할 수 있다. 그런데 모든 것이 안정되어 있을 때 오히려 더 걱정과 염려를 하곤 한다. 생각지 못한 어떤 일이 벌어져서 모든 것을 망치게 될지 모르기 때문이다. 이들은 걱정하고 있는 일에 대한 생각을 멈추기가 쉽지 않다. 그러다 보니 주변에서는 6번 유형을 부정적이거나 비관적으로 보기도 한다.

하지만 이들은 의식 자체가 부정적이기보다는 안전에 대한 두려움 때문에 그렇게 보이는 것이다. 이들은 계속해서 "만약에 어떤 일이 벌어지면 어떡하지?", "그 일이 벌어질 때 나는 어떻게 해야 하지?"를 끊임없이 묻는 사람들이다. 하지만 이들의 불안감에서 나오는 예측들은 일어나지 않는 경우가 대부분이다.

예측할 수 없는 상황에 맞닥뜨리기를 누구보다 싫어한다. 이 점에 있어서 4번 유형과 정반대의 모습을 보여준다. 4번 유형이 못 견뎌 하는, 예측 가능하고 반복되는 단조로운 일도 성실하고, 책임감

있게 할 수 있는 이들이 바로 6번 유형이다.

관계에서 진정성이 아닌 의례적인 말을 하는 사람들을 신뢰하지
않는다. 어떤 사람을 신뢰하기까지는 상당히 오랜 시간이 걸린다.
하지만 일단 신뢰하게 되면 어떤 상황이 닥쳐도 끝까지 신의를 지
키는 사람들이다. 그래서 **'진정한 친구'**, '의리파'라는 별명을 갖고
있다.

6번 유형은 자신을 좋아해주는 사람들과 함께 있을 때 가장 편안
함을 느낀다. 이들은 사랑하는 사람들과 연결된 느낌을 원한다. 그
래서 그들이 지금 무엇을 하고 있으며 안전한 상태인지를 알고 싶
어 한다. 그래서 자주 전화로 **확인**하려 한다.

이들은 **성공**하는 것조차 걱정한다. 성공을 통해 주어지는 새로운
상황이 이들에게는 더 두렵기 때문이다. 이들은 성공을 향하지 않
고 자신의 안전한 생존을 위해 달려가는 사람들이다. 이들에게 성
공이란 단지 새로운 위험을 안고 있는 상황에 불과한 것이다. 그래
서 결국 6번 유형은 자신이 도달할 수 있는 성공조차도 남들에게 넘
겨주는 상황을 만들어 영원한 이인자로 남기를 원한다. 언제든 승
리자로 남기를 원하는 3번 유형과는 정반대의 모습을 지니고 있다.

말투는 신중하고 사무적인 느낌이 강하다. 조용히 말하고 언행에도 신중하다. 수수한 옷과 단정한 머리를 선호하는 편이다. 화려하기보다는 심플한 것을 좋아한다. 보통 의심하고 경계하는 태도를 가지고 있다. 갑작스러운 소리나 큰 소리에 예민한 편이다.

어린 시절

어릴 때부터 걱정으로 가득했다. 세상이 안전하지 않다는 것과 책임을 지고 있는 어른들이 항상 신뢰할 만하지 않다는 것을 알게 되었다. 그로 인해 책임을 맡은 이에게 순종하거나 반항함으로써 대응한다. 이들은 어디를 가든지 누가 책임자인지를 가장 우선으로 찾으며 그들에게 최대한 집중한다. 특별히 스포트라이트를 받으려 하기보다 무리에 속해서 조화를 이루는 것을 편안하게 생각한다. 예측 가능한 일상적인 상황을 편안하게 생각한다.

이들은 양육자(부모 또는 어린이집 교사)가 감정 조절이 부족하고 예측하기 어려운 사람인 경우가 있다. 그래서 6번 유형의 아이는 신뢰를 느낄 수 없었다. 또한 양육자로부터 분명한 이유 없이 벌을 받은 경험이 있다. 이 때문에 6번 유형 아이는 믿을 만한 또 다른 보호자(규범, 권위, 책 등 결함이 없는 것)를 찾아야 했다. 또한 위험이 다가오는 상황을 예상하는 법을 배울 필요가 있었다.

보통일 때

자신의 시간과 에너지를 안전하고 확실한 곳이라고 생각하는 곳에만 집중한다. 거의 모든 상황에 대해 질문한다. 촉각을 세워 발생할 수 있는 문제들을 끊임없이 **예측**한다. 결정이 필요한 상황에서도 결정을 내리지 못하고 우유부단한 모습을 보인다. 이로 인해 조직에 혼란이 생기면 예측하기 힘든 행동을 하기도 한다. 권위에 충성하면서도 늘 의심한다. 이들은 의존적이면서도 한편으로는 반항적이다. 자신의 불안 때문에 교회나 정당, 학문 등 자신이 의존할 제도나 단체를 필요로 한다. 이들은 확실성을 계속해서 갈망한다.

성숙할 때

친절하고 활동적이다. 다른 사람들과 좋은 관계를 형성하며 지속적인 관계를 만들어나간다. 상당히 신뢰할 만하며 처음부터 끝까지 그 믿음에 부합할 수 있는 사람이다. 인내심이 강하며 다른 사람을 위해서 희생할 수 있다. 공동체에 협력하며 안전과 안정을 추구한다. 자신에 대한 믿음이 있으며 다른 사람 또한 신뢰한다. 일방적으로 의존하지 않으며 독립적이다. 긍정적인 생각과 리더십을 가지고 책임을 다한다.

자기 삶의 경험을 **신뢰**한다. 확실한 해답은 존재하지 않으며, 모든 일이 예측 가능하지 않다는 것을 잘 알고 있다. 결국 모든 일은 협력해서 선을 이루게 될 것이라는 것을 믿는다.

성숙하지 못할 때

안전한 상황이 무너질까 봐 두려워하며 불안에 사로잡힌다. 이들은 모든 곳에서 위험을 발견한다. 매우 의존적이고 자존감이 바닥을 치며 심한 열등감을 보인다. 관계에 갈등이 생기면 다른 사람을 심하게 비난한다. 세상은 불공평하고 사람들은 믿을 수 없다고 생각한다. 자기의 문제를 해결해줄 강력한 권위를 찾는다. 전문가와 같은 권위를 가진 사람들이 자신의 결정을 대신해주기를 바란다. 심할 경우 불안감으로 인해 술이나 약물에 의존하게 된다.

7번 유형
즐거움을 추구하는 '낙천가'

핵심 Key word
#낙천적 #외향적 #긍정적 #다재다능 #실천적 #자발적 #충동적

일반적인 성향

모든 상황을 **낙천적**으로 바라본다. 아이처럼 호기심이 많고 천진난만하고 단순하다. 유쾌하고 다른 사람을 웃게 만드는 유머 감각을 가지고 있다. 심각한 이야기도 재미있게 하려고 시도한다. 7번 유형 주변에는 늘 어린아이들이 모여든다. 어디서든 활기 넘치는 분위기를 만들어낸다. 즐겁게 노는 것을 좋아하고 느긋하다. "오~ 좋아!", "재미있다!", "괜찮아!", "대단해!"와 같은 말을 사소한 일에도 자주 한다. 세상에 대한 **호기심**이 넘치며 모든 상황에 빠르고 민첩하게 대처한다.

한꺼번에 여러 가지 일을 동시에 추진할 수 있다. 이들은 미래를 위해 우선사항을 결정해서 계획을 잘 세우고 결정하며, 일의 진행 여부까지 잘 체크한다. 이들은 계획 세우기의 달인들인데, 계획을 세울 때 상상으로 성공 가능성에 잠기며 쾌감을 느끼기 때문이다. 여러 방면으로 **다재다능**하고 아이디어가 넘친다. 자유로운 사고방식을 가지고 있다. 늘 해오던 방식이 아닌 새로운 방법을 끊임없이 창조하는 것을 좋아한다.

자신이 가진 능력으로 많은 성과를 이루어낸다. 한곳에서 오래 일하거나 한 가지 직업만을 가지기 힘들어한다. 여러 가지 일을 독창적으로 해낼 수 있는 팔방미인이다. 특히 자유로운 환경에서 **자신만의 스타일**대로 일하는 것을 원한다. 그렇지 않은 상황에서도 자신만의 환경을 구축해낸다.

이들은 단점에서조차 낙천적인 사람이다. 기대와 희망은 인생의 가장 좋은 부분이다. 일을 마치는 것은 이들에게 어려운 일이다. 왜냐하면 프로젝트가 끝날 때쯤이면 그다음 새로운 일을 생각하고 있기 때문이다. 어떤 결정을 하는 것을 힘들어한다. 왜냐하면 한 가지

선택만 하게 되면 자신의 자유가 줄어든다고 생각하기 때문이다. 보통 무거운 주제의 대화나 논쟁은 피하는 편이다. 이들은 보통 인기가 많고 친구들도 많다.

3번 유형이 성취지향형이라고 한다면, 7번 유형은 **경험지향**형이라 할 수 있다. 목표를 정하고 도달하는 것에는 큰 관심이 없다. 세상은 재미있는 것으로 넘쳐난다는 생각을 갖고 있기 때문에 새로운 경험과 만남을 좋아한다.

7번 유형은 고통을 느끼는 것을 **회피**한다. 6번 유형이 두려움 앞에서 비관적으로 대응한다면, 7번 유형은 낙천적으로 대응한다. 물론 삶에서 낙천적인 것이 여러모로 유리하지만, 어려움과 고통을 정면으로 마주 보아야 성장하고 성숙할 수 있다. 고통과 괴로움에 직면하는 것을 힘들어하기 때문에 자신과 타인에게 발생한 감정 문제를 잘 처리하지 못할 때가 많다. 3번 유형이 실패를 인정하고 바라보는 것을 피한다면, 7번 유형은 고통을 느끼는 것을 거부한다.

이들은 재미, 기쁨, 쾌락에 대한 욕구가 과도할 때가 있다. 7번 유형 중에 도박이나 폭식, 과음에 빠지는 사람들을 많이 보게 된다. 이들은 도박으로 돈을 잃은 날에도 "괜찮아. 내일은 잘될 거야. 잃을 때가 있으면 딸 때도 생기는 거지. 안 그래?" 하며 **스스로 위안** 삼는다. 7번 유형의 낙천적 성격이 여기서도 나타난다. 이들이 폭식하고 과음하는 이유는 단순히 음식을 좋아해서가 아닌, 고통스러운 기억에서 벗어나기 위해서다. 음식을 먹으면서 긍정적인 자극, 좋은 생각과 감정을 얻을 수 있기 때문이다.

말할 때 감탄사를 자주 연발한다. 입을 크게 움직이는 편이며 흥분을 잘하고, 목소리 톤이 자주 높아진다. 다른 사람의 기분에 개의치 않고 자기 기분대로 말하는 경향이 있다. 의자에 앉아서 말하는 것보다 자유롭게 서서 말하는 것을 좋아한다. 말수가 적고 느린 사람을 답답해한다. 보통 얼굴에 장난기가 많은 것이 느껴진다.

어린 시절

지루한 것을 못 견디고 한자리에 앉아 있는 것을 힘들어해서 산만하다는 말을 많이 듣고 자랐다. 호기심이 많아서 질문을 많이 하는 편이기도 하다. 구속받는 것을 싫어하고 빨리 어른이 되고 싶어했다. 친구들과 노는 것을 좋아하고 친구들도 대체로 이들을 좋아했다. 재미있는 경험과 모험을 찾아다니며, 누군가 자기를 제한하려는 것을 힘들어한다. 끝없는 호기심을 가지고 있기 때문이다.

행복하고 유복한 어린 시절을 보내다가 부모의 사업 실패 등으로 갑자기 행복이 깨어지는 경험을 하면서 성장한 사람들이 많다. 어린 시절, 감당하기 어려운 일이 찾아왔을 때면 숨어서 행복한 생각을 하면서 고통에서 자유롭기를 바라기도 했다. 이들은 어린 시절, "너는 앞으로 혼자야. 너 스스로 잘 돌볼 수 있어야 해"와 같은 말을 들은 적이 있다. 이에 대해 7번 유형은 이제 스스로 해야 한다는 생각을 갖게 되었다. 그래서 "제 일은 제가 알아서 할게요"라는 말을 자주 한다. 이들은 빨리 어른이 되어 자유를 얻기를 소망하게 되었다.

보통일 때

계속해서 새로운 것을 추구하지만 자신이 원하는 것이 명확하지는 않다. 지나칠 정도로 활동적이며 무리하게 자신을 활동 속으로 밀어 넣는다. 유머감각이 있어서 이야기하는 것을 좋아하고 지루한 것을 참지 못한다. 가끔은 짓궂은 장난을 치기도 한다. 과도하게 소비하는 경향이 있다. 지나치고 분주하게 외향적 활동을 하기도 한다. 매번 쉽게 만족하지 못하고, 가까운 사람들에게 무심한 면이 있다.

슬픈 사건이나 실패로 규정될 수 있는 모든 것을 낙관적으로 재구성한다. 가장 부정적인 사건조차도 긍정적 시각으로 다시 바꾸어서 설명하려고 한다. 이들에게 현실은 자신의 기대가 대부분 실현되고 있지 않기에 미래를 통해 대부분의 행복을 찾는다. 프로젝트를 마무리하는 데 어려움을 느낀다. 그래서 종종 다음 일로 넘어가곤 한다.

이들이 **끊임없이 활동**하고 흥미로운 일로 자신의 삶을 채우려는 것은 고통의 감정으로부터 방어하고 도피하려는 의도가 크다. 7번 유형은 일부러 다른 사람에게 피해를 주려고 하지는 않는다. 하지만 매우 자기중심적이고 무감각하며 참을성이 부족하다. 자신이 다른 사람에게 준 피해도 보지 않으려 한다.

성숙할 때

활기차고 열정적이다. 세상에 대한 호기심이 넘친다. 여러 가지 일을 잘 수행할 수 있는 다재다능한 사람이다. 끊임없는 에너지와 행동력을 가지고 여러 관심 분야를 개척해나간다. 자발적이고 모험을 좋아하며 자신의 경험을 통해 성장해나간다.

자신의 고통과 괴로움을 회피하는 것이 아니라 자신의 삶에 받아들일 수 있다. 자신이 원하는 삶이 아니라 있는 **그대로의 삶**을 받아들일 수 있는 능력을 키워나간다. 자신의 경험에 깊이 몰입하며 자신이 가진 것에 감사한다. 삶에 대한 경외심을 가지고 있으며 삶 속에서 끊임없이 제공되는 축복에 감사할 수 있다.

성숙하지 못할 때

충동적이다. 중독되는 경향이 짙고 항상 지나치게 행동한다. 자신의 불안을 진정시키지 못하고 충동적으로 행동한다. 자기 자신을 통제하지 못해 극도로 예민한 감정과 더불어 우울함에 빠진다. 매우 쉽게 좌절하고 무례하고 함부로 욕을 하기도 한다. 충동적이고 일상적인 삶에서 일탈하려고 한다. 자신의 환경뿐만 아니라 자기 자신도 부정적으로 인식한다. 이들은 어떤 결과를 치르더라도 고통과 맞닥뜨리기를 싫어한다. 무모하며 어떤 유형보다도 중독되기 쉽다.

8번 유형
힘 있게 도전하는 '지도자'

핵심 Key word
#보호자 #리더 #직설적 #주도적 #분노 #기업가 # 적극적 #임기응변

일반적인 성향

지나치다 싶을 정도로 **적극적**이라는 말을 종종 듣는다. 일을 시작하지 않았으면 안 했지, 한번 시작했으면 확실하게 끝을 맺는다. 일을 어정쩡하게 하는 사람을 보면 참을 수가 없다. 논쟁을 하게 되면 답이 나올 때까지 끝까지 싸운다. 정의는 싸울 만한 가치가 있다고 생각한다. 사람을 처음 만나게 되면 그 사람의 약점이 한 번에 눈에 들어온다.

결정은 직감적으로 빠르게 내리는 편이다. 권위적이지만 의사결정이 분명하다. 요점을 빙빙 돌려서 이야기하는 것을 싫어한다. 아닌 것은 분명하게 아니라고 말한다. 이들과 대립하거나 반대하는 사람들과는 언제든 대항할 준비가 되어 있다. **싸움**을 전혀 두려워하지 않는다. 자기주장을 분명하게 펼치는 사람을 존경한다. 이들이 사랑하는 사람을 건드리는 것은 곧 자신을 건드리는 것과 마찬가지라고 생각한다. 겉모습은 강해 보이지만, 속은 여리고 부드러운 마음을 가지고 있다.

자신감이 넘치고 두려움이 없으며 강인한 에너지를 뿜어낸다. 다른 사람들이 불가능하다고 생각하는 일을 성취하는 것을 좋아한다. 미리 생각하지 않고 순간적으로 화를 잘 내기도 한다. 상대의 기선을 제압하려는 마음을 갖고 있다. 이들의 지배감정인 분노는 자신의 여린 감정을 다른 사람에게 드러내기를 원치 않기 때문이다. 다른 사람에 의해 통제받고 구속받는 것을 극도로 싫어한다. 자신의 강인함을 증명하고 싶어 하고, 자신의 약점을 극복하기 위해 많은 노력을 기울인다.

이들은 관계에 있어서 **갈등**을 통해 더 가까워질 수 있다고 생각한다. 스스로를 정직하고 솔직하게 터놓고 이야기할 수 있는 사람이라고 말한다. 모든 것을 맡길 수 있을 만큼 의리가 넘치는 사람이라고 생각한다. 이들은 권력자들 앞에서도 망설임 없이 진실을 말할 수 있는 용기 있는 사람들이다.

　정의와 공정함에 대해서도 관심이 많다. 이들은 진실함의 중요성을 알고 있다. 그래서 서로 얼굴을 맞대고 부딪쳐가며 사실을 찾아내는 것이 중요하다고 믿는 사람들이다. 이들은 갈등을 겪고 싸움을 할 때 속마음을 보게 된다는 것을 알고 있다. 직접 **대면**해서 부딪칠 때 숨겨진 의도까지 꺼낼 수 있으며, 그제야 그 사람들의 지지나 신뢰를 심어줄 수 있다고 생각한다.

　이들의 대화법은 **명령법**이다. 그래서 때로는 이들의 말이 강압적이고 협박처럼 들릴 수도 있다. 마치 화난 사람처럼 보이기도 한다. 하지만 이들 스스로는 그렇게 생각하지 않는다. 이들은 목소리가 크고 자신감이 넘친다. '굉장히', '최고로', '최초로' 등의 과장된 용어를 잘 사용한다. 직설적이고 거친 표현도 마다하지 않는다. 생각을 정리해서 말하기보다 말을 먼저 던지고 시작한다.

어린 시절

　자라면서 자신뿐만 아니라 다른 사람의 삶도 책임져야 한다는 부담을 떠안았다. 그래서 일찍부터 자신의 어린이다움과 순수함을 내려놓았다. 어린 시절 따돌림을 당해서 결국 자신 외에는 믿을 수 없게 된 경우도 있다. '세상은 강한 자만 살아남는 적대적인 곳'이라는 메시지를 들은 적이 있다. 약하거나 순진한 사람들은 속거나 배신당한다고 생각한다. 그래서 자신의 연약한 면을 절대 보여주지 않으려고 한다.

친구들과 놀 때도 대장이 되고 싶어 한다. 자기 생각을 가감 없이 솔직하게 표현하는 것을 좋아한다. 부모님이나 선생님 앞에서도 자신의 주장을 강하게 표현할 수 있다. 다른 사람에게 휘둘리는 것을 죽기보다 싫어해서 어디에서든 주도권을 가지고 있으려고 한다.

보통일 때

자기중심성이 강하다. 그래서 독립적이고 자유롭기를 원한다. 스스로 리더감이라고 생각하며 자부심이 강하다. 실제로 8번 유형 가운데 리더들이 많다. 자신이 다른 사람들보다 더 뛰어나다는 생각을 가지고 있다. 제 생각을 다른 사람에게 강요하는 면이 있다. 협상하기보다는 주로 **힘**으로 밀어붙일 때가 많다. 생각하는 것보다 몸으로 먼저 행동하는 것이 이들의 주된 방식이다. 위험을 마다하지 않고 두려움 없이 모든 일에 돌진하는 자세로 임한다. 이를 위해 자신의 감정은 무시할 때가 많다.

이들의 사고는 모 아니면 도와 같이 **이원론적**으로 판단하는 경우가 많다. 좋은 일 아니면 나쁜 일, 아군이거나 적군, 밝은 미래 아니면 어두운 미래 등 이렇게 이원론적으로 구분하기를 좋아한다. 이들은 우유부단한 것에 대해서 참지 못한다. 이들은 일할 때도 열심히 일하지만, 놀 때도 열심히 노는 것을 좋아한다. 무엇이든지 흐지부지되는 것을 좋아하지 않는다.

이들은 자기 사람이 맞는지 **시험**해보기를 좋아한다. 그뿐만 아니라 자기 자신도 시험하고 증명해 보이고 싶어 한다. 상황을 주도적으로 이끌거나 누군가를 공격하는 편이다. 자신이 사람들로부터 지지받지 못하거나 거부된다고 느낄 때는 지체 없이 상대를 공격하고 화를 내며 적대적인 관계를 형성한다. 위협과 협박을 사용하기도 하고 복종을 강요하기도 한다.

성숙할 때

자신만만하며 행동 지향적이다. 탁월한 지도자이며 훌륭한 친구다. 자립해서 싸울 수 없는 사람들의 영웅이다. 다른 사람이 불가능하다고 하는 것들을 해낼 수 있는 에너지와 용기, 지성을 겸비하고 있다. 무슨 일이든 '해낼 수 있다'라는 태도로 열정적으로 임한다. 명예를 소중히 생각한다.

다른 사람들로부터 존경받는 리더이자, 자신의 사람들을 보호하고 살피는 보호자다. 필요한 때에 바르게 힘과 권력을 사용할 줄 안다. 다른 사람의 공을 인정하고 그들과 **협력**한다. 동정심이 많고 권한을 넘겨줄 수 있는 대범함을 가지고 있다. 두려움 없이 공동체의 목적과 비전을 위해 위험도 마다하지 않는 영웅적인 면모를 갖추고 있다.

성숙하지 못할 때

성숙하지 못한 8번 유형은 힘이 곧 정의라고 생각한다. 자신의 힘에 대한 환상을 가지고 있고, 자신의 영향력을 무리하게 확장하려고 한다. 내면에는 자신이 배신당할 것이라는 불안한 생각을 하고 있다. 실제로 심한 배신감을 느끼고 있기도 하다. 다른 사람을 쉽게 믿지 못하고 의심하고 시험해본다. 일이 어긋나거나 잘못되면 반드시 복수하려고 한다.

자신만의 규칙을 만들고 사람들이 그것을 따르기를 바란다. 자신의 행동에 있어서는 어떤 법도, 규제도 적용되지 않는다고 생각하며 법을 무시하기도 한다. 자신이 현실을 바꿀 수 있다고 믿으며, 다른 사람들의 도움은 굳이 필요 없다고 생각한다. 다른 사람들에게 공포감을 주고, 자신을 따르지 않는 사람들에게 복수하며, 그들이 가진 것을 파괴하려고 한다.

9번 유형
조화를 중시하는 '평화주의자'

핵심 Key word

#평화 #조화 #안정 #게으름 #고집쟁이 #포용적 #중재

일반적인 성향

갈등을 싫어하고 **평화롭기**를 원한다. 이들은 자발적으로 행동하기보다 **수동적**으로 움직이는 사람들이다. 본인이 원하는 일보다 다른 사람이 원하는 일에 동참할 때 더 편안하고 행복하다. 처음 일을 시작할 때는 어려워한다. 하지만 일단 시작하면 꾸준히 잘할 수 있고 마무리까지 확실히 한다. 스스로를 중요한 사람이라고 생각하지 않는다. 말하는 것도 좋지만 다른 사람의 말을 듣는 것을 더 잘한다. 대화시간이 길어질 때라도 주의 깊게 잘 들어줄 수 있다. 사람들이 뭔가를 요구할 때면 매우 고집스러울 때가 있다.

늘 중간을 좋아한다. 중도의 입장에 서 있기를 좋아한다. 뭐든 적당한 게 좋다는 생각을 가지고 있다. 자신의 입장이나 기호를 먼저 드러내지 않는다. 이는 갈등이나 충돌을 피하고 싶은 마음에서 비롯된다. 혹시나 자신의 입장과 반대되어 갈등이나 관계가 틀어질까 하는 두려움 때문이다. 결정을 내릴 때 자신이 원하는 것이 아니더라도 다른 사람들과의 **조화**를 위해 선택한다. 자신의 것을 주장하지 않고 갈등이 가장 적은 방법을 선택한다. 이들은 상대에게 너무 맞추다 보니 자신이 진짜 원하는 것이 무엇인지를 잘 모를 때가 많다.

이들은 편안하고 고요한 것을 좋아한다. 그래서 지금의 관계나 상황을 그대로 유지하고 싶어 한다. 어떤 변화로 인해 갈등을 겪는 것을 피하고 싶어 한다. 게으름에 관한 이슈를 지니고 있다. 육체적으로도 **게으름**의 문제를 가지고 있지만, 더 큰 문제는 자신의 삶의 주제를 찾는 데 게으른 것이다. 즉 자신의 내면의 요구를 계발하는 데 게으르다. 음식, 음주, 운동, 쇼핑 등에 몰두함으로써 자신의 감정과 필요, 욕구를 외면하기도 한다.

긍정적 에너지가 넘칠 때 9번 유형과의 대화는 누구와도 즐겁고 유쾌하다. 이들은 모든 것을 조금씩 아는 **박학다식**한 사람들이기 때문이다. 누구와 대화를 나누어도 이야깃거리가 항상 넘쳐난다.

이들은 자신이 내키지 않는 일을 하라고 하거나 압력을 받을 때면 **고집**이 나타난다. 9번 유형은 **수동공격**을 한다. 예를 들면 꾸물거리거나, 침묵으로 대응하거나, 무시하거나, 해야 할 일을 하지 않거나 한다. 9번 유형의 수동공격 시에는 다음과 같은 질문을 해주면 좋다. "무슨 일 있지? 한번 이야기해줄래?" 그러면 주저하다가 자신의 마음을 알아주기를 바라며 이유를 설명해준다. 이들의 내면에는 '다른 사람들은 매번 나를 변하게 하려고 압력을 행사하고 있다. 하지만 나는 내 방식에 만족하고 있어'라는 생각을 가지고 있다.

장형(8, 9, 1번 유형)들은 모두 자기 자신을 잊어버리는 유형들이다. 8번 유형은 쉬는 것과 자기돌봄을 잊는다. 1번 유형은 긴장을 푸는 것과 즐기는 것을 잊는다. 9번 유형은 자신의 의견과 우선순위를 잊는다.

이들의 평상시 말투는 변화 없이 단조롭다. 묻는 말에도 기계처럼 단일하게 답할 때가 많다. "그러지 뭐", "마음대로 해"라는 말을 많이 사용한다. 상대를 편견 없이 바라보기 때문에 타인으로 하여금 수용받는 느낌이 들도록 하기도 한다. 어느 유형보다 비폭력적인 사람이다.

말투가 불분명할 때가 많다. 말꼬리를 흐려서 다른 여지를 잘 남긴다. 단정적인 표현을 피하고 돌려서 표현한다. 말의 속도는 느린 편이고, 목소리 톤도 높낮이가 없이 일정하다. 남의 이야기를 잘 받아주고 너그럽다.

어린 시절

갈등이 생기면 불편해하고 중재자 역할을 하려고 애썼다. 수업 시간에 질문하기 위해 손을 들거나 활동에 적극적으로 나서지는 않았다. 어떤 선택 앞에서 머뭇거릴 때가 많다. 짧은 시간 안에 결정해야 하는 상황을 무척 어려워했다.

태어나면서 부모로부터 인정과 사랑을 받지 못하기도 했다. 형제가 많아서 존재감을 느끼지 못하거나 소홀히 대접받거나 강압적인 부모나 여러 갈등이 있는 환경에서 자란 경우도 있다. 그런 상황에서 자신이 더 갈등을 일으키지 않기를 바라기에 자신의 요구와 주장을 드러내지 않았다. 자기의 의견을 표현했을 때 무시당하거나 거부당한 느낌을 받은 적이 있기도 하다.

보통일 때

겉으로 보기에 다정하고 느긋해 보인다. 하지만 속사정은 갈등의 상황으로 인한 두려움을 가지고 있다. 또한, 고집스러운 면이 많다. 자신 안의 분노를 회피하고 있다. 보통은 자신이 중요하지 않다고 생각하지만, 가끔 자신을 위한 투자도 해야 함을 깨닫는다. 9번 유형은 다른 사람을 위해서는 기꺼이 나서서 대변하지만, 정작 자신을 위해서는 나서지 않는다. 필요 이상의 요구를 하지 않는다. **자기희생**을 통해 평화를 추구하려고 한다.

갈등 상황을 두려워해서 자신의 주장을 펼치기보다는 다른 사람들이 바라는 것에 맞추어주려고 한다. 육체적으로는 활동적일 수 있지만, 내면적으로 게으르다. 갈등과 문제가 발생하면 고민만 할 뿐 답을 내리기 어려워해서 자신만의 공상으로 빠져든다. 활동적이기는 하지만, 다른 사람들과 너무 밀접하게 관계를 맺는 것은 피하려고 한다. 어떤 종류의 변화와 압력도 원하지 않는다. 편안한 환상에 빠져드는 것을 좋아한다. 이는 현실을 회피하는 한 방편이다.

이들은 강하게 자기주장을 하는 것은 공격적인 행동이라고 느낀다. 그래서 자신의 요구를 강하게 주장하면 평화로움이 깨지고, 조화롭지 못할 것이라는 두려움과 부담을 갖는다. 결국, 단기간의 갈등을 피하기 위해 '아니오'를 의미하는 '예'를 말하지만, 이는 자기 내면의 분노를 쌓는 결과를 불러온다. 관계의 성숙을 위해서는 자기를 부정하고 무시하기보다는 자신의 있는 그대로의 모습을 나타내고 반응하려 노력해야 한다.

성숙할 때

천성적으로 중재자다. 다른 사람의 견해를 이해하고 또 소중히 생각한다. 대립이 팽배한 사안도 화합하게 할 수 있는 능력이 있다. 유연하고 포용적이다. 다른 사람에게도 영감을 주지만 자신의 자기실현을 하고 있는 사람이다.

겉으로 보이는 모습뿐만 아니라 내면도 안정되어 있다. 인내심이 강하고 훌륭한 성품으로 주변 사람들의 어려움을 공감해주고 지지해준다. 자신에게 충실하며 사람들과 진솔하게 연결되어 깊은 관계를 맺을 수 있다. 다른 사람뿐만 아니라 자기 자신을 신뢰할 수 있다. 매우 활력이 넘치며 솔직하게 자신의 마음을 나타낼 수 있다.

성숙하지 못할 때

결정 장애를 가지고 있으며 지나칠 정도로 의존적이다. 슬픔과 분노의 감정을 회피하기 위해 감정을 느끼는 것을 멈추어버리는 행동을 한다. '다 괜찮을 거야'라는 환상을 붙들기 위해 몸부림친다. 문제를 직면하지 못할 만큼 힘이 부족하지만, 고집은 더 세지고 완고하다. 다른 사람들에 대해서는 철저하게 무관심으로 일관한다. 자기에게 영향을 끼치는 어떤 것에서든 벗어나고 싶어 한다. 말이 더욱 없어지며 모든 것에 관심을 끄고 자신의 세계에만 빠져 지낸다.

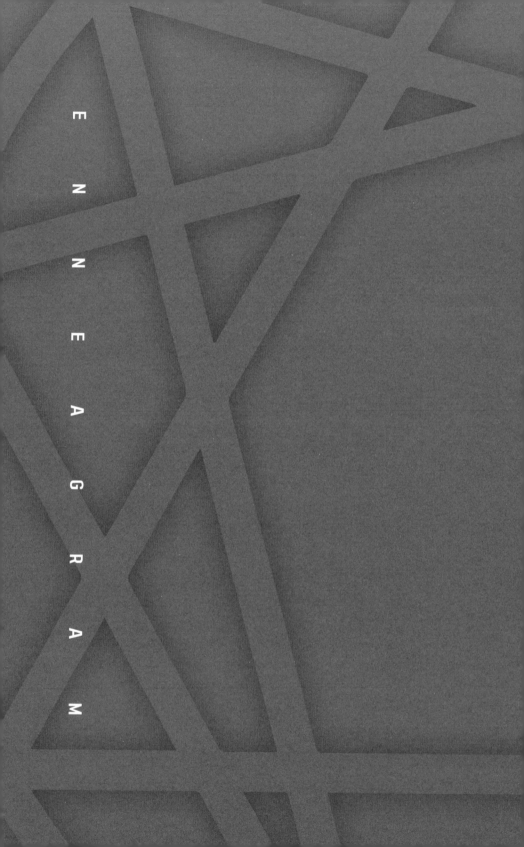

ENNEAGRAM

꼬인 관계를 풀어주는
에니어그램 처방전

E N N E A G R A M

마음속 비판의 목소리에게 말하라

1번 유형이 관계가 꼬이는 경우

완벽주의

1번 유형은 모든 일을 완벽하게 처리하고 싶은 마음을 갖고 있다. 그러다 보니 이들에게는 늘 일거리가 산적하게 쌓여 있는 경우가 대부분이다. 심지어 퇴근해서 집으로 가져가서 완벽히 마무리하려는 경우가 많다. 휴가를 가서조차 쉽게 쉬지 못하는 유형들이다. 1번 유형은 자신이 세워놓은 내면의 기준이 높기 때문에 다른 사람보다 자신이 충분히 더 옳다고 생각한다. 그래서 다른 사람에게 지적받는 것을 싫어하고, 지적받은 사항을 인정하고 싶어 하지 않는다.

그리고 보통 잘 받아들이지도 않는다. 이들이 만약 남들에게는 사소하게라도 지적받는다면 매우 예민하게 반응할 것이다. 외부적으로 지적받는 것은 자신의 마음속 비판하는 목소리로부터 자체검열에 실패했다는 것을 의미하기 때문이다. 특히나 예상치 못한 비판은 1번 유형과의 관계를 심하게 꼬이게 할 수도 있음을 잊지 말아야 한다. 1번 유형에게 판단의 말을 할 때는 늘 조심스럽게 해야한다. 1번 유형들은 평상시에 비판을 받지 않기 위해 다른 유형들은 생각할 수 없을 정도로 엄청난 노력을 하고 있기 때문이다.

지나친 책임감

자신에게도 완벽을 요구하지만, 다른 사람도 완벽하기를 바란다. 또한, 잘못이나 결함을 발견할 때는 즉각적으로 고치고 제거하고 싶어 하는 성급함도 가지고 있다. 그러다 보니 직장동료나 부하직원이 기대만큼 잘하지 못하면, 기다려주지 못하고 바로 지적하거나 자신이 직접 일을 해버린다.

나와 가까운 사이인 A씨는 팀장이다. 그런데 그는 직급이 올라가도 팀장이 해야 할 일만이 아니라, 그가 팀원 때 하던 일도 여전히 하고 있다. 부하직원을 믿지 못해서 혹시나 일을 제대로 못 해서 진행되는 일에 지장을 줄까 봐 염려되기 때문이다. 리더가 되었으니 부하직원이 자신의 기준에 좀 미치지 못하더라도 그가 할 수 있을 때까지 기다려줄 수 있어야 하는데 인내심이 부족하다.

부하직원을 탓하며 다시 하라고 하거나 못 미더워 직접 일을 하기보다는 제대로 할 만한 다른 사람에게 맡기는 것도 지혜로운 방향이다. 그리고 그 맡긴 사람에게 고맙다고 말하는 것도 잊지 말아야 한다. 유연한 관계 형성을 위해 노력해야 한다. 1번 유형이 보기에 다른 사람들은 이야기를 해주어도 변하지 않는다고 생각할지 모른다. 하지만 사람마다 변하는 데는 걸리는 시간이 다르다는 것을 기억해야 한다. 또한, 그들도 계속해서 노력하고 있다는 것을 알아야 한다. 1번 유형이 보기에는 만족할 수준이 되지 않는다고 생각할지라도 말이다.

요령이나 편법 요구

1번 유형의 사람들은 완벽하고 체계적인 것을 좋아한다. 만약에 이들에게 빠른 일 처리를 위해서 요령이나 편법을 주문하게 되면, 1번 유형의 마음은 상당히 불편해진다. 이들은 주어진 일을 대충대충 처리하는 것을 극도로 싫어한다. 그러니 그런 주문을 한 사람에 대해 안 좋은 인식을 갖게 될 것은 불 보듯 뻔한 일이다. 이는 1번 유형과 멀어지는 좋은 방법이다.

1번 유형에게 필요한 에니어그램 처방전

자신이 옳다고 믿는 것에 대해 한 번 더 생각하기!

사람은 누구나 실수할 수 있는 존재다. 1번 유형은 자기 생각이 틀릴 수도 있음을 늘 기억해야 한다. 이들은 언제나 자신은 옳다는 생각을 가지고 있다. 그래서 자신의 실수를 용납하기 어려워한다. 완벽한 사람은 존재하지 않음을 기억해야 한다. 1번 유형이 완벽해지려고 노력하면 할수록 주변 사람들과는 더욱 멀어지게 됨을 알아야 한다.

사람은 완벽한 존재가 아니라 성장해가는 존재다. 죽을 때까지 그렇다. 오히려 자신의 실수를 인정하고 내보이기 시작할 때, 사람들은 1번 유형에게 가까이 다가오고 사람 냄새 난다고 할 것이다. 실수했다고 비난하지 않아야 한다. 자신이든, 타인이든 실수를 인정하고 내보이고 용서할 수 있는 완성형의 사람으로 성장해가기를 바란다. 모든 것이 완벽히 좋은 것만이 좋은 관계가 아니라 좋은 것과 나쁜 것이 함께 있어도 여전히 좋은 관계임을 기억하기를 바란다.

여유를 가지고 즐거운 감정 느껴보기!

쉼을 누리는 것, 즐거운 감정을 느끼는 것은 잘못된 것이 아니다. 일할 때가 있으면 쉼이 필요할 때가 있다. 아니 쉼을 통해 오히려 일의 능률을 올릴 수 있다. 1번 유형은 이것을 기억해야 한다. 이들에게 휴가는 보통 일의 연장이다. 하지만 휴가 중에 굳이 세미나를 가거나 박물관 등 의미 있는 곳에 가야 할 필요는 없다. 쉬는 것을 시간 낭비라고 생각하지 말고 그저 즐겨보라. 이들 유형 중에 일 중독자들이 많음은 이상한 일이 아니다.

마케팅 회사를 운영하고 있는 CEO인 B씨는 본인 휴가 중에도 팀장급 회의를 날마다 줌(Zoom)으로 한다. B씨의 마음은 늘 긴장의 연속이다. 그의 마음속은 한시도 쉴 틈이 없다. 이런 마음이 직원들에게까지 전해지는 것을 알아야 한다. 마케팅 회사임에도 유연하지 못하고 늘 경직되어 있는 것은 그 이유다. 1번 유형 본인이 유연한 사고를 하고 여유를 갖게 될 때, 주변 사람들도 그렇게 되는 것을 잊지 말아야 한다.

마음속 비판하는 목소리에게 말하기!
이들의 내면에는 비판의 목소리가 있다. 자신이 세워놓은 기준에 부합하지 못할 때면 비난하고 지적한다. 1번 유형에게 완벽주의를 요구하는 강한 목소리다. 그리고 이에 죄책감을 느낀다. 이 마음속 비판의 목소리와 친구가 되기를 추천한다.

이들에게 웃기는 별명을 지어주는 것도 괜찮다. 그리고 이들에게 친구로서 이렇게 말해주어라.

"나도 이제 어른이야. 그동안은 고마웠지만, 이제는 너의 도움 없이 새로운 길을 가보려고 해."

마음속에서 비판의 목소리가 들릴 때마다 반복해서 말하기를 바란다.

1번 유형이 어떤 일을 미적거릴 때가 있다. 그때는 이렇게 스스로 물어야 한다. "혹시 완벽하게 끝내지 못할까 봐 겁내는 것 아니야?" 그리고 완벽하지 않아도 괜찮다고 계속해서 스스로에게 격려의 말을 해주어야 한다. 그리고 한 번 더 이렇게 말해주어라. 1번 유형들은 이것을 언제나 잊지 말아야 한다.

"너도 알다시피 넌 완벽할 수 없어. 하지만 기억해! 넌 존재 자체로 사랑받기 충분해!"

1번 유형에게 필요한 성구 처방

"…아버지께서는, 악한 사람에게나 선한 사람에게나, 똑같이 해를 떠오르게 하시고, 의로운 사람에게나 불의한 사람에게나, 똑같이 비를 내려주신다. 너희를 사랑하는 사람만 너희가 사랑하면, 무슨 상을 받겠느냐? 세리도 그만큼은 하지 않느냐? 또 너희가 너희 형제자매들에게만 인사를 하면서 지내면, 남보다 나을 것이 무엇이냐? 이방 사람들도 그만큼은 하지 않느냐? 그러므로 하늘에 계신 너희 아버지께서 완전하신 것 같이, 너희도 완전하여라."

(마태복음 5:45-48)

"남을 심판하지 말아라. 그리하면 하나님께서도 너희를 심판하지 않으실 것이다. 남을 정죄하지 말아라. 그리하면 하나님께서도 너희를 정죄하지 않으실 것이다. 남을 용서하여라. 그리하면 하나님께서도 너희를 용서하실 것이다."

(누가복음 6:37)

타인이 아닌 자신의
니즈(needs)에 충실하라!

2번 유형이 관계가 꼬이는 경우

고마움을 표시하지 않을 때

2번 유형은 누구보다 다른 사람의 필요를 잘 알고 따뜻하게 다가와 도와준다. 필요하다면 자신의 시간과 열정, 모든 것을 내어주며 도움을 준다. 이들은 자신이 해야 할 일도 못하면서까지 남을 도와주고 싶은 충동이 넘치는 사람들이다. 그런데 자기를 불살라 내어줄 정도로 도움을 주었는데, 만약에 상대가 고마움을 표시하지 않았다면 2번 유형과는 관계가 단절될 정도로 위기가 찾아옴을 기억해야 한다. 사실 이 정도 큰 도움을 받은 사람이 고마움을 표시하지 않는다면, 어쩌면 관계를 끊어도 될 사람일 것이다. 그런데 문제는 큰 도움이 아닌 작은 도움에도 2번 유형은 고마움의 표시를 받기 원한다는 것이다.

에니어그램을 잘 아는 한 목사님이 강연을 하러 가셨을 때의 일이다. 그 목사님이 강연장에 들어가자 한 분이 다가와 친절히 인사하고 커피 한 잔을 권했다. 목사님은 별로 마시고 싶지 않아서 그분에게 괜찮다며 사양했다. 그러자 그분은 녹차를 권했다. 목사님은 다시 괜찮다고 정중히 거절했다. 그러자 이번에는 둥굴레 차를 권했다. 더 이상 거절하기 어려워 목사님은 둥굴레 차를 달라고 했다. 그분은 둥굴레 차를 목사님께 갖다 주었다. 목사님은 뭔가 그분이 계속 지켜보는 듯한 느낌을 받았다. 그리고 목사님은 그분에게 이렇게 말해주었다.

"정말 따뜻한 분이시군요. 오늘 인생 최고로 맛있는 둥굴레 차를 마십니다."

그제야 그분은 만족하고 안심하며 자기 자리로 돌아갔다. 만약 목사님이 이분의 친절을 끝까지 거절했거나 뜨뜻미지근한 반응이었다면, 이분과의 관계는 상당히 어려워졌을 것이다. 이는 평균적인 2번 유형의 모습이다. 이들이 관계에서 더 성숙하려면 다른 사람의 반응에 좀 더 자유로울 수 있어야 한다.

다른 사람의 반응

가슴형(2, 3, 4번 유형)들의 특징 중의 하나이기는 하지만, 특히나 2번 유형은 다른 사람의 반응에 신경을 많이 쓴다. 다른 사람들에게 꽤 괜찮은 사람으로 보이고 싶은 욕구가 이들에게는 넘친다. 혹여나 자신의 평판이 안 좋아지거나 체면이 깎여서 창피를 겪으면 어쩌나 하는 두려움을 늘 가지고 있다. 평판에 의해 자신이 결정되는 사람들이다. 그렇기에 이들은 늘 '최고의 나와 최악의 나는 존재하지 않는다'라는 것을 기억해야 한다. 어떠한 순간에도 '나'는 그냥 '나'임을 잊지 말라. 그저 존재로서 '나'만이 있음을 기억하라.

다른 사람들에게 인정을 받으려고 노력할 필요는 없다. 좋은 이미지를 주거나 아첨할 필요가 없다. 혹여나 그런 생각이 들 때는 잠시 멈추어라. 그리고 숨을 깊게 마시고 내쉬며 자신에게 말하라.

'정말 저 사람에게 필요한 도움인가. 아니면 내가 인정받기 위해 도움을 주는가.'

내가 아니어도 괜찮다면 잠깐 멈추어라. 그리고 만약에 도움을 준다면 오른손이 하는 일을 왼손이 모르게 하라. 그것이 그대 존재 자체로 서 있을 수 있는 방법이다.

2번 유형에게 필요한 에니어그램 처방전

타인이 아닌 자신의 니즈에 충실하라!

2번 유형은 어느 곳을 가든 다른 사람의 필요를 기가 막히게 알고 도움을 주는 사람들이다. 당신이 어느 처음 가는 모임 장소에 들어오자마자 따뜻하게 말을 걸어주고 차를 내오는 사람이 있다면, 그 사람은 2번 유형일 확률이 90%다. 10%는 모임 관계자일 것이다. 이들은 관계자들보다 더 따뜻하게 당신을 맞아준다. 이처럼 2번 유형은 타인의 필요에 누구보다 촉각을 곤두세우고 있는 사람들이다.

그런데 정작 이들은 다른 사람들의 필요에 과한 관심을 두느라 자신의 필요는 심각할 정도로 살피지 못한다. 또 자기의 필요를 알면서도 상대에게 말해주지 않는다. 말하지 않아도 알아주기를 바란다. 직접적으로 말하지 않고 암시 정도만을 준다. 하지만 말해주지 않으면, 그것은 다른 사람은 알 수 없다는 것을 2번 유형은 기억해야 한다. 2번 유형은 자신의 니즈를 잘 모를 때도 많다. 하루에도 몇 번씩 자신에게 이렇게 물어보라.

'지금 나의 기분은 어떻지? 지금 나에게 필요한 것은 뭘까?'

처음부터 답을 얻기는 쉽지 않을 것이다. 조급하게 생각하지 말고 조금씩 연습해보라. 다른 어느 유형보다 자신으로부터 멀리 있는 유형이 2번 유형이니 매 순간 연습하기 바란다.

고마움의 표현 방식이 다름을 인정하라('먼저'와 '당연히'를 놓아주라)

2번 유형은 관계에서 '먼저' 적극적으로 다가가는 것을 좋아한다. 자신이 '먼저' 호의를 베풀면서 착한 사람이라는 이미지를 심어주면서 관계를 시작하는 것을 원칙처럼 생각한다. 그리고 그렇게 호의를 베풀면 상대도 '당연히' 보답할 것이라는 생각을 갖고있다. 이로 인해 2번 유형들은 관계에서 실제로 많은 스트레스를받는다. 남들의 필요에 과할 정도로 예민하다. 관계에 있어서 성급할 때가 많다. 먼저 관계를 시작하지 않아도 괜찮다. 때로는 자신의 과한 친절이 상대에게는 부담으로 다가올 수 있다는 것을 기억하기 바란다.

2번 유형들은 종종 너무 많이 주고 나서 후회하곤 한다. 그런후회가 찾아올 때, 자신이 베푼 친절이 어디서 온 것인지 정직하게 돌아보기 바란다. 그 사람을 위한 것이었는지, 아니면 자신이착한 사람이라는 이미지를 주기 위함이었는지를 말이다. 5번 유형이나 6번 유형 같은 머리형들은 2번 유형의 과한 친절을 고마워하기보다는 뭔가 다른 의도가 있는 행동으로 보기도 한다는 것을 잊지 말아야 한다.

2번 유형들은 상대가 자신을 좋아하면 상대도 '당연히' 보답할 것이라 생각한다. 하지만 고마움의 표현 방식은 사람마다 다 다름을 인정해야 한다. 굳이 선물을 주거나 말로 칭찬하지 않아도 마음속으로 고마움을 간직하고 있다가 수년이 지나서 표현하는 사람들도 있다. 자란 환경에 따라서 고마움을 표현하는 방식이 딱딱하고 건조할 수도 있다. 또는 실제로 그다지 고마운 마음은 없지만, 인사치레로 립서비스 하는 사람도 있다. 고마움을 표현하는 방식이 사람마다 다름을 인정하고 그 반응에 크게 동요되지 않을 때, 상대에 대한 실망으로 인한 관계 스트레스를 줄일 수 있을 것이다.

혼자만의 시간을 연습하라

2번 유형들은 혼자 있는 시간을 힘들어한다. 이들은 이 시간마저 전화를 하거나 SNS를 통해 관계 맺기에 힘쓴다. 사람은 혼자 있는 시간을 통해 내면의 힘을 키울 수 있다. 2번 유형은 특별히 더 혼자 있을 줄 알아야 한다. 자신의 내면에 더 관심을 가져야 한다. 혼자 있을 수 있는 힘을 기르기 바란다.

여러 감정 변화를 그 자체로 받아들일 수 있어야 한다. 감정은 하나도 나쁜 것이 없다. 그 감정을 판단하는 내가 있을 뿐이다. 2번 유형들은 특히나 감정을 판단하는 경향이 있다. 공격적인 감정으로 인해 자책하지 말라. 분노와 억울한 감정이 찾아올 때 부정적이라 생각하고 피하지 말고, 내면으로의 초청장이라 여기고 그 감정을 한번 그대로 받아주는 연습을 하기 바란다. 이 감정이 지금 나에게 왜 찾아왔는지 물어보라. 이 감정이 나에게 말을 걸어온다면 어떤 말을 할지 물어보라. 이 연습을 통해 내면의 힘을 키울 수 있다. 감정 자체를 나와 동일시하지 않고, 그저 존재 자체로 있을 수 있는 힘을 키우게 된다.

2번 유형에게 필요한 성구 처방

"너희는 남에게 보이려고 의로운 일을 사람들 앞에서 하지 않도록 조심하여라. 그렇지 않으면, 너희는 하늘에 계신 너희 아버지에게서 상을 받지 못한다. 그러므로 네가 자선을 베풀 때에는, 위선자들이 사람들에게 칭찬을 받으려고 회당과 거리에서 그렇게 하듯이, 네 앞에 나팔을 불지 말아라. 내가 진정으로 너희에게 말한다. 그들은 자기네 상을 이미 다 받았다. 너는 자선을 베풀 때에는, 오른손이 하는 일을 네 왼손이 모르게 하여, 네 자선 행위를 숨겨 두어라. 그리하면 남모르게 숨어서 보시는 네 아버지께서 너에게 갚아 주실 것이다."

(마태복음 6:1-4)

자신의 감정에 솔직해보라

3번 유형이 관계가 꼬이는 경우

남보다 뛰어나야 한다는 생각

3번 유형은 어린 시절부터 각종 시험이나 대회에서 좋은 성적을 거두어 칭찬받은 경험을 가지고 있다. 무엇이든지 배우고 노력하면 더 잘할 수 있다는 생각을 가지고 있다. 그래서 늘 무언가를 성취하고 배우려 노력하느라 바쁜 삶을 보낸다. 이들은 그 누구보다 성공 지향적이고 성취 지향적이다. 그러다 보니 직장 내에서도 뛰어나고 일 잘하는 사람으로 인정도 받고 있다.

하지만 그런 목적을 달성하고 결과를 내는 과정 가운데 놓친 것들은 없는지, 놓친 사람들은 없는지 돌아보아야 한다. 이들은 필시 사람 중심적이기보다 일 중심적이기 때문에 관계에서 생각지도 못한 일이 발생할 수도 있기 때문이다. 물론 이들은 이런 관계에 시간을 빼앗기는 것조차 싫어해 깊은 관계를 맺지 않는다. 하지만 인간 세상, 어찌 혼자 살아갈 수 있는가. 일에 대한 욕심을 조금 내려놓을 때, 사람이 보인다는 것을 기억하기 바란다.

자신의 솔직한 감정 회피

앞에서 말한 바와 같이 3번 유형들은 성공을 위해 일의 효율성을 중요하게 생각한다. 그로 인해 일하는 데 방해가 되는 요소들을 제거한다. 문제는 이 요소에 감정이 포함되는 데 있다. 3번 유형이 가슴형이지만, 가슴으로부터 제일 멀리 있는 사람이라는 말을 듣는 것이 바로 이런 이유다.

이들은 항상 남들보다 뛰어나기 위해 힘들게 노력한다. 하지만 자신의 어려움과 힘듦을 다른 사람들이 알게 되기를 원하지 않는다. 자신감 넘치고 뛰어난 모습만 보여주기를 원한다. 때로 이들은 자신이 부족하다는 생각에 열등감을 느낀다. 하지만 그 열등감마저 들키고 싶어 하지 않기 때문에 자신의 감정을 회피하려고 한다. 성공을 위해 자신의 감정마저 연기하면서 외부에 비치는 자신이 성공적인 모습이기를 바란다. 이런 모습이 지속될 때 자신의 진정한 모습을 잃어버리고 사회에서 원하는 성공의 모습에만 맞추어가는 자신을 발견하게 될 것이다. 하지만 그렇게 되면 성공을 이룬 후에 찾아오는 공허함에 힘들어하는 자신을 맞이하게 될 것이다.

그러니 이제부터라도 진정한 자신을 찾기 위해 노력해야 한다. 자신의 감정에 솔직할 수 있어야 한다. 자신이 무엇 때문에 성공을 위해 달려가고 있는지 한 번씩 멈추어 서서 자신에게 물어보기 바란다. 3번 유형은 생산성과 효율성에 높은 가치를 두기 때문에 멈추어 있는 시간을 낭비라고 생각한다. 하지만 이를 2보 전진을 위한 1보 후퇴라고 생각하라. 좋은 영적지도자를 찾아가 도움을 얻는 것도 이들에게는 큰 도움이 된다.

친한 친구 한 명에게는 자신의 약한 모습과 솔직한 모습을 보여줄 수 있기를 바란다. 그런 친구가 없다면 지금도 늦지 않았으니 관계를 만들라. 자신의 진솔함을 보여줄 수 있는 믿을 만한 친구를 떠올려보고, 그 친구에게 먼저 다가가보라. 3번 유형들은 분명 많은 친구가 있을 것이다. 하지만 완벽히 실패한 경우에도 내 곁에 있을 만한 친구들인지 한번 진지하게 확인해보라. 그리고 깊이 있는 관계를 맺을 친구 한 명을 정해 지금부터라도 교제하기를 추천한다.

3번 유형에게 필요한 에니어그램 처방전

다른 사람을 위해 진심으로 돕는 역할을 해보라

3번 유형은 인정받고 돋보이는 리더십의 자리에 자기도 모르게 눈이 간다. 이럴 때 리더십의 유혹을 내려놓기를 바란다. 이들이 리더십에 눈이 머는 순간, 이들은 경쟁의 불사신으로 변신한다. 경쟁자를 만들고, 경쟁을 통해 이기는 것은 많은 에너지가 소모되는 일이다. 경쟁은 때로 서로의 발전이 되기도 한다.

하지만 지나친 경쟁은 상처를 남기기 마련이다. 3번 유형들은 이로 인해 따라오는 관계의 꼬임마저 그렇게 중요하지 않게 생각한다. 하지만 그로 인한 결과는 오래지 않아 이들을 괴롭히게 될 것이다. 3번 유형이 정말 돋보이고 존경받고 싶다면 다른 사람을 빛나게 하고, 돕는 역할을 하려고 노력하기 바란다. 자신의 능력이 충분함에도 다른 사람에게 리더십의 자리를 양보하고 그의 능력이 빛나도록 도울 때, 머지않아 3번 유형은 모든 사람으로부터 존경받게 될 것이다.

자신에게 찾아오는 실패를 솔직하게 인정하라

3번 유형은 특히나 경쟁을 좋아한다. 자신의 성취를 위해 없던 경쟁자를 만들어 경쟁 구도를 형성해 자신을 경쟁 욕구를 돋우기도 할 정도다. 경쟁에서 이길 경우에는 승리의 기분을 만끽할 수 있다. 하지만 모든 경쟁에는 승자가 있으면 패자가 있다. 3번 유형은 특히나 실패에 취약하다. 성공과 실패를 자신의 존재와 동일시하는 경향이 있다. 그래서 실패했을 경우를 상상하는 것조차도 힘들어한다.

하지만 인생은 승리할 때가 있으면, 패배할 때도 있는 법이다. 진정한 내면의 성장과 성숙을 원하는 3번 유형이라면 실패를 외면하지 않고 인정하고 받아들일 수 있기를 바란다. 성공도 실패도 그 자체가 자신이 아님을 기억하기를 바란다. 성공에 몰두하느라 자신을 잃어버리는 우를 범하지 않기를 바란다. 많은 3번 유형이 자신의 목표와 성취를 이룬 후에 공허함을 느끼는 것을 기억하라. 자신에게 물어라. 다른 사람이 인정해주는 성공이 아니라, 나 자신이 진짜 바라는 성공이 무엇인지를.

잠시 멈출 줄 알고, 일 외에 개인적 즐거움을 찾아라

3번 유형들도 1번 유형들과 마찬가지로 일 중심의 사람들이라 휴가 때조차 일거리를 가지고 가는 사람으로 유명하다. 하지만 1번 유형은 완벽성을 위함이라는 점에서 3번 유형과 다르다. 3번 유형들은 효율과 남들보다 뛰어난 성공을 위해 일거리를 가지고 간다. 3번 유형에게도 제안한다. 일거리를 빼놓고 휴가를 떠나라. 그리고 함께하는 사랑하는 사람들에게 진심으로 관심을 기울여보라. 관계의 놀라운 변화를 경험하게 될 것이다.

일과 자기계발이라는 관점에서 벗어나 취미를 가져보라. 3번 유형은 취미조차 다른 사람이 인정하는 이미지를 생각해서 정하곤 한다. 하지만 자신의 일과 전혀 상관없는 즐거움을 찾아보라. 시간 낭비라 생각하지 말고 꾸준하게 그 시간을 가지라. 이를 통해 바쁘게만 지내는 일상에서 마음의 여유를 찾기를 바란다. 이 시간을 통해 찾아오는 여유로운 감정을 통해 삶을 돌아보기 바란다. 이런 여유로운 경험을 통해 3번 유형의 긴장이 해소되면서 더욱 자연스럽게 성장과 성숙의 자리로 나아가게 될 것이다.

진실되지 못한 자신의 말과 행동을 하려고 할 때 알아차려라

3번 유형의 초점은 주로 외면적인 성장에 맞추어져 있다. 성공을 위해서라면 스스로 자신의 감정을 속이면서까지 목표를 달성하는 무시무시한 사람이다. 하지만 3번 유형의 중요한 인생 과제 중 하나는 내면의 성장이다. 그리고 내면의 성장을 위해서는 무엇보다 '알아차림'이 중요하다. 이들은 성공을 위해 종종 진실되지 못한 말과 행동을 한다. 물론 처음부터 그랬던 것은 아니었지만, 어느 순간부터 이런 모습이 자연스럽다.

하지만 이는 자신의 내면 성장에 엄청난 방해요소로 작용한다.

이것을 처음부터 고치려면 어렵다. '아, 지금 내가 솔직하지 못한 말과 행동을 하고 있구나' 하고 알아차리려고 노력하라. 그렇게 될 때 정신없이 바쁘게 앞만 보고 직진하는 모습에서 한 번씩 돌아보는 행동을 하게 될 것이다. 한 걸음씩 내면을 돌아보기 시작하라. 이것이 3번 유형이 회복해야 할 중요 과제 중 하나임을 늘 기억하라.

3번 유형에게 필요한 성구 처방

"그러므로 내가 너희에게 말한다. 목숨을 부지하려고 무엇을 먹을까 또는 무엇을 마실까 걱정하지 말고, 몸을 감싸려고 무엇을 입을까 걱정하지 말아라. 목숨이 음식보다 소중하지 아니하냐? 몸이 옷보다 소중하지 아니하냐? 공중의 새를 보아라. 씨를 뿌리지도 않고, 거두지도 않고, 곳간에 모아들이지도 않으나, 너희의 하늘 아버지께서 그것들을 먹이신다. 너희는 새보다 귀하지 아니하냐? … 너희는 먼저 하나님의 나라와 하나님의 의를 구하여라. 그리하면 이 모든 것을 너희에게 더하여 주실 것이다."

(마태복음 6:25-26,33)

평범함 속에 아름다움이
숨어 있음을 기억하라

4번 유형이 관계가 꼬이는 경우

다른 사람과 비교하려 할 때

4번 유형은 자신이 가진 것보다 없는 것에 더 초점을 두는 경향이 있다. 열 가지 장점을 가지고 있음에도 한 가지 단점을 크게 본다. 누구에게나 잘하는 것이 있으면, 못하는 것이 있기 마련이다. 자신이 못하는 것에 초점을 둘 때, 남들과 자꾸 비교하게 되는 것이다. 게다가 자신이 못하는 것과 남이 잘하는 것을 비교하게 되니 자연스럽게 질투를 하고, 열등감을 갖게 되는 것이다. 4번 유형은 이처럼 부정적인 비교를 하고, 질투하기 시작하면 여기서 잘 빠져나오지 못한다. 부정적 감정에 몰입하게 된다. 이로 인해 전혀 도움이 안 되는 감정 소모를 하게 된다.

없는 것, 잃어버린 것에 초점을 맞추기보다는 현재 있는 것을 중요시해야 한다. 그래야 발전이 있다. 과거가 아닌 현재에 초점을 맞출 때 감사의 능력이 개발되어 성장할 수 있다. 4번 유형이 감사의 마음을 갖고, 감사를 표현하려고 노력할 때 주변의 관계가 개선되는 것을 경험하기를 바란다.

4번 유형의 핵심 감정은 수치심이다. 수치심의 감정이 찾아올 때 스스로 칭찬하고 격려해주어야 한다. 이들이 이 수치심을 자연스럽게 받아들이고 이를 인정할 때 삶 전반에서 자유를 누리게 될 것이다. 삶에서 끊임없이 자신을 칭찬해주어라. 괜찮다고 격려해주어라. 자신을 칭찬해주기를 절대 포기하지 말라. 그렇게 스스로에게 사랑한다고 표현해주어라. 그렇게 자신에게 끊임없는 우정과 사랑의 선물을 주기를 바란다. 그럴 때 4번 유형이 그토록 원하는 진정한 자유를 맛보게 될 것이다.

다른 사람의 반응에 예민할 때

4번 유형처럼 타인의 반응에 예민한 유형이 없다. 4번 유형이 평소에는 무심하기도 하지만 예민할 경우 다른 사람의 작은 한숨 소리, 찌푸리는 표정 하나도 놓치지 않을 수 있다. 그리고 이 때문에 온종일 기분이 안 좋을 만큼 예민하기도 하다. 상대는 갑작스러운 두통 때문에 표정을 찌푸린 것인데, 4번 유형은 오해를 하고 자신을 무시한다고 생각해 종일 기분 나빠하기도 한다.

얼마 전, 4번 유형 D씨는 친구의 지인과 처음 만나게 되었다. 그런데 상대방이 인사를 하는데 고개를 돌리고 살짝 트림한 후, 죄송하다고 말했다. 하지만 이 모습에 D씨는 자신을 무시했다고 생각하고, 그 친구의 지인과 한동안 말도 안 했다고 한다. 물론 그 지인이 실수를 한 것이긴 하다. 하지만 생리적인 현상이기에 그럴 수 있는 것인데, 과도하게 자신을 무시했다고 여길 필요는 없다. 4번 유형은 감정에 충실한 유형이라 감정적인 반응을 하기 쉽다. 그리고 그런 감정적인 반응으로 인해 주변 사람들을 불편하게 한다. 또 자신도 이로 인해 힘든 경우가 많음을 늘 기억하기 바란다. 다른 사람의 반응을 가볍게 넘길 수 있는 여유를 갖기를 바란다.

이상적인 환상을 가질 때

4번 유형은 관계나 직업, 공동체에 대한 이상적인 환상을 잘 갖는다. 그리고 현실이 불만족스러울 때 대체로 혼자만의 상상으로 위로를 자주 삼는다. 삶은 완벽하지 않다. 완벽한 이상의 실현을 위해 끊임없이 노력하고 발전해가는 것이 삶이다. 4번 유형은 현실을 직시하고 받아들이는 것이 필요하다. 실제로 가능한 것이 무엇인지를 현실적으로 파악하고, 그것을 위해 행동하고 최선을 다하는 것이 필요하다. 환경을 탓하지 말고 지금 할 수 있는 행동 한 가지를 해보라. 어떠한 환경에도 불구하고 이루어내는 사람들은 이상과 다르다고 불평하는 사람들이 아니라, 지금 내가 할 수 있는 작은 일을 실천하는 사람들임을 기억하기 바란다.

4번 유형에게 필요한 에니어그램 처방전

긍정적인 목표를 세우고 날마다 기록하라

4번 유형은 다분히 감정적이고 즉흥적인 성향이 많다. 하지만 일상에서 감정에 너무 휘둘리지 말아야 한다. 자신이 느끼는 감정에 따라 할 일마저 좌우된다면 얼마 가지 않아 위기가 찾아올 것이다. 호기심과 집중력이 좋아서 재미있고 흥미 있는 일에는 엄청난 몰입력으로 빠르게 일을 하는 장점도 가지고 있다. 하지만 인생은 매사가 재미있고 흥미가 유발될 수는 없다는 것을 어서 알아채기 바란다. 자신이 원하는 시간, 환경, 분위기를 다 갖출 수는 없다.

4번 유형은 그렇게 환경을 변화시키면 공부나 일이 잘될 것이라고 생각한다. 이른 나이에 이런 생각을 내려놓을수록 4번 유형은 빠르게 성장할 것이다. 때로는 자신이 편한 환경으로 바꾸어야 잘

될 때도 있다. 하지만 특별히 환경을 더 좋게 바꾼다고 공부나 일이 꼭 잘되는 것만은 아니다. 환경이 아닌 자신이 가진 생각을 바꾸어야 한다.

이들에게는 꾸준함이 과제다. 이리저리 날뛰는 감정 변화에 따라 움직이는 것이 아니라, 세운 목표와 일정표대로 실행하는 것이 필요하다. 규칙적인 생활을 해야 한다. 그래야 몸도 마음도 건강해질 수 있다. 특별함 속에서만 아름다움을 찾지 말고, 평범함과 단순한 일상 속에 진정한 아름다움이 숨겨져 있음을 늘 기억하기 바란다.

감정은 자신이 아님을 기억하라

4번 유형들은 감정에 매우 솔직하다. 감정에 충실하다. 그러다 보면 감정에 지나치게 몰입하게 된다. 감정과 자신을 동일시한다. 그러나 감정은 자신이 아니다. 감정은 순간순간 변하는 것이고, 자신에게 찾아왔다가 다시 가는 것이다. 감정은 소중하지만, 영원히 지속되지는 않는 것임을 기억해야 한다. 자신이 느낀 감정이 삶의 전부인 것처럼 느끼지 말기 바란다. 그렇게 되면 그 순간 자기 주변의 소중한 것들까지 전혀 보이지 않게 된다. 순간의 감정 때문에 자신의 소중한 것들을 잃게 될 수도 있다는 말이다.

그래서 감정 변화로 즉흥적인 결정을 해야 할 때는 잠시 결정을 미루는 것도 지혜로운 방법이다. 감정을 꾸미려 하고, 느낌에 휩쓸리지 말아야 한다. 감정을 조절하는 연습을 통해 자신만의 안정을 찾는 방법을 연구하기 바란다. 직감이나 느낌에 따라 결정하기보다는 데이터에 근거해서 결정하는 연습도 필요하다.

또한, 이들은 자신의 감정뿐만 아니라 다른 사람의 감정도 읽고 해석하려는 습관을 가지고 있다. 때로는 자신의 해석이 맞을 수도 있지만 잘못 해석할 경우도 많다. 4번 유형 자신들도 이를 잘 알 것이다. 게다가 다른 어떤 유형보다 감정적으로 예민하게 반응한다는 사실을 스스로 늘 기억해야 한다. 이는 관계에서 종종 실수를 범할 수 있다는 말이다. 세상 사람 모두가 자신처럼 그렇게 감정에 예민하지는 않음을 알아야 한다.

과거의 일이 생각나서 그 감정에 휩쓸릴 때가 종종 있다. 이들의 초점은 자주 과거에 있기 때문이다. 이렇게 과거의 감정에 몰입되는 것은 4번 유형에게 전혀 도움이 되지 않는다. 쓸데없이 에너지만 소비될 뿐이다. 이때는 머리를 흔들어서 과거의 일과 감정에서 빠져나와야 한다. 다시 현재에 집중하려고 노력하기 바란다. 과거에서 벗어날 수 있는 것은 바로 현재에 충실하는 것임을 기억하라.

4번 유형에게 필요한 성구 처방

"너희가 작은 일도 못하면서, 어찌하여 다른 일들을 걱정하느냐? 백합꽃이 어떻게 자라는지를 생각해보아라. 수고도 하지 아니하고, 길쌈도 하지 않는다. 그러나 내가 너희에게 말한다. 온갖 영화로 차려입은 솔로몬도 이 꽃 하나만큼 차려입지 못하였다."

(누가복음 12:26-27)

생각을 내려놓고 저질러라

5번 유형이 관계가 꼬이는 경우

프라이버시(privacy)를 침범당했을 때

5번 유형은 다른 사람의 간섭을 받는 것을 싫어하고 혼자 있는 것을 좋아한다. 혼자만의 공간이 있어야 편안함을 느낀다. 사전에 연락 없이 자신의 개인 공간에 찾아올 경우, 스트레스를 받는다. 사전에 동의를 구하고 찾아왔더라도 약속된 시간이 넘었는데 돌아가지 않을 경우, 자신의 시간을 빼앗긴다고 생각한다.

이들은 새로운 사람과 관계를 맺을 때 긴장을 많이 하는 편이다. 실제로 이들은 친해지기까지 다른 유형들에 비해 더 오래 걸린다.

5번 유형과 가까워지기를 원한다면 급하게 친해지려고 하기보다 천천히 다가가기를 권한다. 이들은 섣불리 급하게 친해지려는 사람에게 오히려 더 거리를 둔다. 혹시 무슨 의도를 가지고 자신에게 접근하는 것은 아닌지 의심하는 경향이 있기 때문이다.

반대로 5번 유형들은 자신들의 거리 두기로 인해 다른 사람들이 가까워하기 어려워한다는 사실을 잊지 말아야 한다. 특별한 이유가 없더라도 친구에게 놀자고 한번 제안해보라. 아마 다들 깜짝 놀라게 될 것이다. 그리고 이를 통해 새로운 경험을 하게 될 것이다. 물론 이때는 자신이 가지고 있는 시간의 제약을 내려놓아야 한다. 그리고 프라이버시와 비밀을 구분하는 지혜를 갖기 바란다. 비밀은 지켜야 하지만, 프라이버시는 관계가 깊어짐에 따라 공유할 수 있는 부분이기 마련이다.

전문성을 의심받을 때

5번 유형은 자신이 잘할 수 있는 분야에서 전문적인 능력을 갖추기 원한다. 하지만 3번 유형처럼 다른 사람과 경쟁에서 이기려는 마음은 별로 없다. 오히려 다른 사람들이 다루지 않은 특수한 분야를 더 좋아하기도 한다. 이들은 혹시라도 자신이 무능력해지고 조직에서 쓸모없는 사람이 될지도 모른다는 두려운 마음을 무의식중에 갖고 있다. 그래서 더 유용한 사람이 되기 위해 전문성을 확보하려고 끊임없이 공부하고 노력한다.

전문성만이 이들에게 자신감의 뿌리다. 그래서 자신의 전문성을 주변 사람으로부터 의심받을 때 이들은 자신감이 하락하고 위기감을 느끼며 스트레스를 받는다. 그래서 5번 유형과 친해지기 원하는 사람은 장난으로라도 그들의 전문성을 의심해서는 안 된다. 그들의 관심 분야에 함께 관심을 기울여주고, 그들의 전문성을 믿어줄 때 그들과 빠른 속도로 가까워질 수 있을 것이다.

5번 유형들은 자신의 전문성과 지식을 너무 자만하지 않도록 조심해야 한다. 삶의 문제들을 자신이 가지고 있는 전문성과 지식으로 해결할 수 있다는 자만을 경계해야 한다. 지식만으로 해결할 수 없는 문제들이 세상에는 가득하다. 그래서 5번 유형들은 지식을 넘어 '직관과 지혜'로 보는 능력을 키울 수 있어야 한다.

모든 문제에 꼭 답이 있는 것은 아니다. 또 답이 필요하지 않은 경우도 있다. 5번 유형들은 혹 자신이 그 답을 모르더라도 어리석어 보이지 않음을 알아야 한다. 위기감을 느낄 필요가 전혀 없다. 자신감의 뿌리는 무엇을 더 많이 아는 것이 아니라, 존재 자체가 되어야 함을 잊지 말기 바란다.

5번 유형에게 필요한 에니어그램 처방전

생각을 내려놓고 저질러라

5번 유형은 다른 유형들보다 생각이 많다. 문제가 생기면 그것을 해결하기 위해 분석하고 많은 생각을 한다. 하지만 지나치게 생각을 많이 하면 오히려 더 부정적인 생각들이 더 많이 들기 마련이다. 이들은 앉아서 생각을 많이 하기보다는 몸으로 움직여야 한다. 물론 몸으로 먼저 움직이면 두려운 마음이 앞설 것이다. 하지만 5번 유형은 두려운 마음을 내려놓고 저질러버리는 연습이 필요하다. 먼저 저지른 후에 발생하는 문제들을 해결해갈 때 오히려 더 쉽게 풀리는 경험을 하게 될 것이다. 정리되지 않는 문제는 오히려 몸으로 행동할 때 더 정리도 잘되고 쉽게 풀리는 경우가 많다. 자신감은 생각을 많이 할 때 생기는 것이 아니라, 행동할 때 생기는 것을 기억해야 한다. 특히나 머리형 5, 6번 유형에게는 몸으로 실천하고 행동하는 것이 굉장히 중요하고 꼭 필요한 요소다.

수영을 잘하고 싶어 하는 두 사람이 있다. 한 사람은 수영에 관련된 책을 읽고 논문을 찾아본다. 자유형을 할 때 팔의 각도는 몇 도여야 하고, 숨쉬기의 속도는 몇 초가 적당하며, 발차기의 힘은 얼마가 적당한지를 연구한다. 그리고 다른 한 사람은 물이 두려웠지만, 거침없이 물속으로 먼저 뛰어들었다. 과연 누가 더 수영을 빠르게 잘할 수 있을 것 같은가? 두말할 것 없이 후자일 것이다. 진정으로 안다는 것은 행동이 있는 앎이다.

5번 유형들은 모든 문제를 머리로 해결하려는 경향성이 있다. 사실 이런 경향성의 뿌리에는 두려움 때문에 지식과 정보를 수집하려는 것이다. 하지만 많은 지식으로 두려움이 사라지거나 문제가 해결되는 것이 아니다. 머뭇거려질 때는 기억하라.

"저질러라! 저질러라! 두려움을 내려놓고 저질러라!"

함께하는 기쁨을 누려라!

5번 유형은 혼자 있는 것이 편하다. 게다가 관심사가 지나칠 정도로 한정적이다. 자신을 보호하려는 경향 때문에 다른 사람들에게 쉽게 다가가지 못한다. 이로 인해 인간관계에서 종종 오해를 받게 되기도 한다. 그러니 5번 유형들은 자신의 안전지대에서 나와 모험을 해보기를 추천한다. 이것이 오히려 인간관계의 스트레스를 줄일 수 있는 더 좋은 방법이기 때문이다.

다른 사람의 문제에 관심을 갖고 도와주라. 다른 사람에게 자신의 삶에 대해 더 나누어보라. 혹여나 그 정보가 다른 곳에 잘못 사용되지 않을까 하는 염려를 조금 내려놓아도 괜찮다. 자신이 확신하지 못하는 대화 주제에도 끼어들어 보라. 그로 인해 오히려 지식이 더 폭발적으로 확장되고, 정리됨을 경험하게 될 것이다. 지식의 사이사이에서 지혜의 말이 튀어나옴을 경험하게 될 것이다. 자신이 생각하기에 아무것도 아닌 사소한 것들이 다른 사람에게는 통찰력을 주는 것을 경험하게 될 것이다. 이로 인한 기쁨은 5번 유형을 고립감과 무능력감에서 빠르게 벗어나도록 도와줄 것이다. 다른 사람들에게 관심을 가지는 것이 5번 유형이 관계 문제에서 벗어나기 위한 핵심적인 방법임을 기억하라.

감정을 자연스럽게 맞아보라!

5번 유형은 지나치게 감정을 멀리한다. 어떤 감정이 찾아왔을 때, 객관성을 위해 감정을 나중에 처리하려고 미루어둔다. 감정을 있는 그대로 그 순간에 맞아들여 보라. 순간 찾아온 감동을 그대로 느껴도 괜찮다. 자연스레 찾아온 감정을 충분히 느껴보기 바란다. 그리고 그 감정이 지나가도록 지켜보면 된다. 상담실에 찾아오는 5번 유형의 문제들은 대부분 감정을 처리하지 않아 생긴 것들이 많다. 자신에게 순간순간 찾아온 감정을 소중하게 생각하고, 있는 그대로 느끼는 연습을 해보라. 이는 상대의 감정에 공감력이 부족한 5번 유형에게 많은 도움이 되는 연습이다.

5번 유형에게 필요한 성구 처방

"말씀을 행하는 사람이 되십시오. 그저 듣기만 하여 자신을 속이는 사람이 되지 마십시오. 말씀을 듣고도 행하지 않는 사람은 있는 그대로의 자기 얼굴을 거울 속으로 들여다보기만 하는 사람과 같습니다. 이런 사람은 자기의 모습을 보고 떠나가서 그것이 어떠한지를 곧 잊어버리는 사람입니다. 그러나 완전한 율법 곧 자유를 주는 율법을 잘 살피고 끊임없이 그대로 사는 사람은, 율법을 듣고서 잊어버리는 사람이 아니라, 그것을 실행하는 사람인 것입니다. 이런 사람은 그가 행한 일에 복을 받을 것입니다."

(야고보서 1:22-25)

"여러분은 서로 남의 짐을 져 주십시오. 그렇게 하면 여러분이 그리스도의 법을 성취하실 것입니다."

(갈라디아서 6:2)

두려움의 반대는 용기가 아니라 믿음이다

6번 유형이 관계가 꼬이는 경우

다른 사람을 믿지 않고 경계할 때

6번 유형은 항상 확실하고 안전해야 한다는 생각을 갖고 있다. 관계에서도 마찬가지다. 그래서 사람을 쉽게 신뢰하지 않는다. 가능하면 확실한 것을 원하기 때문에 대화를 할 때도 항상 상대방의 진짜 의도를 파악하려고 노력한다. 그래서 상대방이 무슨 말을 할 때 "정말?", "진짜야?" 하며 무의식중에 되물을 때가 많다. 믿는 것처럼 들으면서도 직접 그것을 눈으로 확인하고 경험하고 나서야 비로소 믿게 되는 경우가 많다. 이들은 자신의 내면에 확신이 없기 때문에 두려워하는 것이다. 이들은 자신의 판단도 믿지 못할 때가 많아서 권위자나 전문가의 도움을 요청하는 경우가 많다.

6번 유형은 이 세상이 불확실한 가운데 존재한다는 것을 기억할 수 있어야 한다. 인생에서 완벽히 확실한 것은 없다. 인간관계도, 지식도, 물질도 모든 것은 변함으로써 존재한다. 그리스 철학자 헤라클레이토스(Heracleitos)가 "같은 강에 두 번 발을 담근 사람은 없다"라고 말하지 않았던가. 이 세상의 모든 것은 변한다. 확실한 것은 하나도 없다. 이것을 인정하고 받아들여야 한다. 변화를 스트레스로 여기는 것이 아니라, 즐길 수 있을 때 6번 유형은 자유를 얻게 될 것이다.

불안감으로 인한 부정적 태도

혹시라도 무언가 잘못되지 않을까 하는 불안감을 항상 가지고 있어서 매번 최악의 경우까지 머릿속으로 시뮬레이션을 돌려 보는 사람들이다. 그리고 이들의 불안과 걱정은 자신에게뿐만 아니라 상대방에게 부정적인 질문을 한다. 새롭게 일을 시작해야 하는데 6번 유형은 "안 되면 어떡하지?" 하는 질문으로 주변 사람들이 부정적으로 느끼게 할 수 있다. 조직의 단합에 파장을 주는 질문을 하기도 한다. 이럴 때 리더로 있는 사람은 정말 난감할 수 있다. 하지만 6번 유형이 조직의 기강을 흐트러뜨리거나 리더에 대한 의심 때문에 이런 질문을 하는 것이 아님을 알아야 한다. 오히려 이들로 인해 미리 리스크를 예방하고, 최악의 상황까지 잘 대비할 수 있을 것이다.

6번 유형은 늘 기억해야 한다. 새로운 일을 하고 함께 뜻을 모아 헤쳐나갈 때 "안 되면 어떡하지?"와 같은 부정적인 질문은 함께 모인 자리에서는 하지 않아도 될 질문이다. 오히려 "이 문제를 어떻게 풀어나갈 수 있을까?"와 같은 긍정적인 태도로 질문할 수 있기를 바란다. 그것이 리더와 동료들과의 관계를 더 매끄럽게 풀어가는 지혜로운 방법이다.

6번 유형에게 필요한 에니어그램 처방전

두려움의 반대는 용기가 아니라 믿음이다!

6번 유형은 확실한 것을 좋아하기 때문에 새로운 사람을 만날 때면 상대방이 믿을 만한 사람인지 확인해보고 안심하고 싶어 한다. 그런데 문제는 이런 확인 작업이 안심보다는 불안을 더 크게 만든다는 것이다. 거기다가 상대방이 의심받고 있다는 사실을 알게 될 경우, 관계는 더 좋지 않게 될 것이고 그로 인해 불안은 더 가중될 것이다. 이런 관계에 대한 불안과 두려움이 찾아올 때, 확신의 증거를 찾는 방법이 있다. 그것은 밖에서 들리는 평가나 소문이 아닌, 자신의 내면의 소리에 집중하는 것이다. 밖에서 들리는 소리는 오히려 우리를 더 혼란스럽게 만든다.

내면의 소리에 집중하기 위해, 그리고 자신을 신뢰하기 위한 방법이 있다. 자신감을 얻고, 내적인 신뢰를 위해 일기를 작성하기 바란다. 자신이 이런 사람을 만났을 때 어떤 경험을 했는지, 신뢰의 결과는 어떠했고, 불신의 결과는 어떠했는지 기록을 남겨보라. 그럴 때, 자신의 경험과 결정에 신뢰를 점점 더 높여갈 수 있을 것이다. 그리고 알게 될 것이다. 세상은 자신이 생각하는 것만큼 위험하지 않으며, 신뢰할 만한 사람들이 많다는 사실을 말이다.

의도적으로 긍정적인 부분을 바라보라!

6번 유형들은 문제를 미리 알면 잘 대처하고 위험을 줄일 수 있다고 생각한다. 하지만 여기에 너무 많은 시간을 투자하는 것은 필요 이상의 에너지를 소모하게 된다. 실제로 이들이 걱정하던 문제들은 대부분 발생하지 않기 때문이다. 관계에서도 상대에 대한 부정적인 측면이 먼저 떠오르는 것은 불안 심리 때문이다. 불안할수록 상대의 부정적인 관점이 더 강화될 것이다. 이럴 때는 잠시 여유를 갖고 호흡하며, 긍정적인 측면을 의도적으로 떠올리기 바란다. 이렇게 할 때 오히려 더 균형적인 시각을 갖게 된다.

하얀 티셔츠에 빨간색 김칫국이 튀었다고 생각해보자. 사실은 하얀색 부분이 절대적으로 많음에도 하얀색에 눈이 가지 않는다. 정말 작은 부분에 묻은 김칫국 얼룩이 훨씬 크게 보인다.

불안도 이와 같다. 불안으로 인해 한번 눈에 들어온 상대의 부정적인 부분은 김칫국 얼룩과 같이 훨씬 크게 부각되어 보이기 때문이다. 기억하자. 균형적인 시각을 위해 의도적으로 긍정적인 측면을 바라보라. '정당한 두려움'과 '걷잡을 수 없는 불안'의 차이를 구분하도록 노력하라. 이를 위해서도 일기를 쓰는 것은 큰 도움이 된다.

6번 유형에게 필요한 성구 처방

"사랑에는 두려움이 없습니다. 완전한 사랑은 두려움을 내쫓습니다. 두려움은 징벌과 관련이 있습니다. 두려워하는 사람은 아직 사랑을 완성하지 못한 사람입니다."

(요한일서 4:18)

"여러분의 걱정을 모두 하나님께 맡기십시오. 하나님께서는 여러분을 돌보고 계십니다."

(베드로전서 5:7)

진정한 즐거움은 내면에 있다

7번 유형이 관계가 꼬이는 경우

자유를 구속하고 비판할 때

7번 유형은 자유를 갈망한다. 자유가 없으면 쉽게 스트레스를 받는다. 누군가 자신의 자유를 구속하려고 하거나 비판할 때, 이들은 대항해서 바로 반격하거나 자유를 찾아 다른 곳으로 떠나 버린다. 이들은 집단 내에서의 규율이나 규정이 엄격할 경우, 매우 힘들어한다. 자유로운 영혼에는 그에 걸맞은 자유가 허락될 때에 본연의 모습이 드러날 수 있기 때문이다.

지루함을 경험할 때

이들은 따분하거나 지루한 것을 견디지 못한다. 강의나 회의가 지루하거나 재미가 없을 경우, 바로 딴생각을 한다. 같은 이야기를 반복하거나 새로울 것이 없는 경우에도 바로 다른 곳으로 관심을 돌린다. 김 대리는 회의시간을 유독 힘들어한다. 세무사무소의 구조상 회의는 뻔한 내용이기 때문이다. 그래서 회의시간에 다른 사람의 이야기를 잘 듣지 않아서 종종 많은 것들을 놓치기도 한다. 7번 유형들은 반복적인 일이나 새롭지 않은 일들을 많이 힘들어한다.

다른 사람의 반응이 시큰둥할 때

박 대리는 아이디어 뱅크다. 창의적인 의견이 필요할 때면 빛을 발하는 사람이다. 거기다 회의 분위기를 무겁지 않고 재미있게 만들어주는 분위기 메이커다. 그리고 다른 사람들의 관심과 반응이 높을 때는 더 흥이 나는 사람이다. 그래서 자유롭게 발언할 수 있는 수용적인 분위기만 갖추어주면, 기발한 아이디어를 창출해내는 뛰어난 사람이다. 그런데 다른 사람들의 반응이 없거나 재미없어 하면 그 활발하던 박대리가 정말 조용해진다. 주변 사람들의 잠잠한 반응에는 맥없이 가만히 있는다. 7번 유형은 이처럼 다른 사람의 반응이 시큰둥할 때면 스트레스를 받는다. 다른 사람의 반응에 영향을 많이 받는다.

7번 유형에게 필요한 에니어그램 처방전

일의 마무리에 초점을 맞추라

7번 유형은 다분히 충동적인 성향을 갖고 있다. 이들은 한 가지 일을 마치기 전에 이미 다른 일을 시작할 준비를 하고 있다. 흥미가 생기는 일이면 일단 시작하고 본다. 그 결과로 너무 많은 일을 벌여 놓는다. 그래서 일의 마무리를 잘하지 못하게 되어 이로 인해 주변 사람들이 더 큰 스트레스를 받게 된다.

7번 유형은 계획을 누구보다 잘 세우는 유형이다. 그래서 시작할 때는 계획대로 잘 진행하다가 중간쯤 지나면서부터는 다른 일에 대한 흥미로 인해 진행하던 일에 차질이 생긴다. 그러니 이들은 계획을 세울 때 시작할 때보다 마무리할 수 있는 계획을 꼼꼼히 세우기를 바란다. 그래야 마지막까지 초점을 잃지 않고 잘 달려갈 수 있다. 그리고 시작한 일의 마무리를 잘 마침으로써 경험하게 되는 즐거움을 맛보기 바란다. 마무리 짓는 즐거움 속에 진짜 기쁨이 있음을 알아야 한다.

이들이 새로운 경험을 주체하지 못 하는 욕구가 있는 것은 미래에 대한 환상이 있기 때문이다. 4번 유형이 과거에 초점이 있다면, 7번 유형의 초점은 늘 미래에 가 있다. 현재의 고통으로부터 피하기 위해 무의식적으로 관심이 미래로 가 있는 것이다. 7번 유형은 현재에서 자신을 찾을 수 있어야 한다.

이를 위해 '내 인생의 의미는 무엇'이고, '내가 갈망하는 것은 무엇'인지, 또 '내가 회피하려고 하는 감정이나 기억은 무엇?'인지 계속해서 질문해보라. 그리고 과거를 당당하게 돌아보기 바란다. 자신에게 상처를 주었던 사람들과 자신이 상처를 준 사람들의 명단을 적어보라. 그리고 그들을 용서하고, 용서를 구하라. 과거를 당당하게 돌아볼 수 있는 자만이 진정한 미래로 나아갈 수 있음을 기억하기 바란다.

일시적 즐거움이 아닌 영원한 즐거움을 찾아라!

자극적인 것이나 새로운 것은 잠시 기분을 즐겁게 한다. 하지만 오랫동안 즐거움을 주지는 못한다. 너무 재미있고 싶은 욕구, 주변 사람을 재미있게 하고 싶은 욕구를 조금 내려놓고 조용히 침묵을 받아들여 보라. 자제력을 키우고 절제를 연습해보라. 그럴 때 다른 사람의 반응에 신경 쓰지 않게 되고, 혼자서도 행복할 수 있을 것이다. 자신을 찾는 본질적 즐거움을 통해 7번 유형은 더욱 성장하고 자유로워질 것이다.

매일 운동하라!

7번 유형은 넘치는 에너지를 가진 소유자다. 늘 활력이 넘치고 무언가 하고 싶어서 가만히 있지를 못한다. 이들은 이 넘치는 에너지를 주체할 수 없어 밖으로 흘려보내려고 한다. 이들이 가진 호기심은 '득'이 되기도 하지만 때로 '독'이 되기도 한다. 호기심을 좋은 곳에 두면 유익하게 쓰이지만, 해로운 곳에 두면 몸과 마음이 상하기 십상이다. 그래서 쓸데없는 곳에 에너지를 쓰지 않도록 운동을 하라. 매일 꾸준한 운동을 통해 넘치는 에너지를 태워 보내기를 추천한다.

7번 유형에게 필요한 성구 처방

"모든 일에는 다 때가 있다. 세상에서 일어나는 일마다 알맞은 때가 있다. 태어날 때가 있고, 죽을 때가 있다. 심을 때가 있고, 뽑을 때가 있다. 죽일 때가 있고, 살릴 때가 있다. 허물 때가 있고, 세울 때가 있다. 울 때가 있고, 웃을 때가 있다. 통곡할 때가 있고, 기뻐 춤출 때가 있다."

(전도서 3:1-4)

더 크게 생각하면 상대도 우리 편이다

8번 유형이 관계가 꼬이는 경우

자기 뜻대로 되지 않을 때

8번 유형은 두려움이 없고 자신감이 넘친다. 이들은 다른 사람을 지배하고 통제하려는 욕구가 강하다. 무엇이든 자신의 생각대로 곧 행동으로 옮기려고 한다. 자기 뜻대로 되지 않으면 상대와 싸워서라도 자신의 생각을 관철시켜나간다. 이들은 싸움을 두려워하지 않고, 오히려 싸움을 통해 문제를 해결해나가려고 한다. 이로 인해 다른 사람들이 상처받는 경우가 발생하고, 관계에 어려움이 생기게 된다. 또 결과가 자기 뜻대로 되지 않을 경우, 이를 받아들이지 않으려 하고 크게 스트레스를 받는다.

안 된다는 말을 들을 때

8번 유형들은 머릿속에 '세상에 자신이 못 이룰 일은 없다'라는 생각을 가지고 있다. 그래서 누군가 안 된다는 말을 할 때면 극도로 예민해진다. 그의 의견에 반대하거나 거절하는 사람들은 누구든 적으로 변한다.

김 부장은 회사에서 실력이 탁월하다. 어떤 어려운 문제도 저돌적으로 헤쳐나가기로 유명하다. 그런데 김 부장의 유일한 문제는 관계에 있다. 김 부장의 머릿속에는 '내 편'이 아니면 다 '적'이다. 실제로 회사 내에서도 김 부장을 좋아해서 따르는 사람들과 극도를 그를 싫어하는 사람들로 극명하게 둘로 나뉜다.

8번 유형들은 관계에서 사람을 너무 이분법적으로 생각하는 경향성을 극복할 수 있어야 성숙할 수 있다. '내 사람' 아니면 '적'이라는 이분법적 사고를 이제는 내려놓을 수 있기를 바란다. 이것은 적의가 없는 사람도 적의를 갖게 만드는 지혜롭지 못한 처사다. 이것은 다른 사람들도 스트레스를 받게 하지만, 본인에게도 큰 스트레스로 작용하는 결과를 초래하게 된다.

또 이 결과로 8번 유형들은 다른 사람들을 자주 시험해보려고 하는 경향이 있다. 관계에서 이분법적으로 생각하고 있으니 피아 식

별이 분명해야 하기 때문이다. 자극적인 시험으로 상대가 내 편인지, 아닌지를 구별하려는 마음을 내려놓아야 한다. 이는 아군도 적군으로 만들 수 있음을 늘 기억하기 바란다.

어느 지방의 부장검사인 B씨는 회식 자리에서 아직도 양말을 말아서 술을 돌린다. 그 술을 마시는 사람은 자기 편이고, 아니면 자기 사람이 아니라고 하는 것이다. 부장검사의 부하직원들은 B씨를 생각만 해도 고개를 절레절레 흔든다. 자신들을 잘 챙겨주기는 하지만, 한 번씩 자신들에게 하는 과한 요구에 정나미가 떨어진다고 한다. 겉으로 티는 못 내지만 속으로는 다 B씨를 멀리하고 있는 것이다. 8번 유형의 이분법적 사고가 보여준 극단적인 피해사례다.

8번 유형에게 필요한 에니어그램 처방전

양보하는 것은 지는 것이 아니다!

8번 유형들은 삶을 적극적이고 도전적으로 성취하며 살아왔다. 그래서 경쟁을 통해, 때로는 싸움까지도 마다하지 않으면서 목적을 이루어왔다. 그런 이들에게 양보는 지는 것과 다름없다는 생각을 가지고 있다. 사람들에게 빈틈을 드러내면 안 된다고 생각한다. 자신의 약점을 드러내고 여린 모습을 보이는 것을 극도로 싫어한다.

하지만 8번 유형들은 양보하는 때가 진정한 승리를 거두게 되는 것임을 알아야 한다. 이를 위해 열 번 중에 세 번 정도는 양보하는 연습을 하기 바란다. 그럴 때 주변 사람들로부터 존경을 받게 되고, 관계의 어려움이 하나둘 해결되면서 마음의 부담감도 줄어들 것이다. 《삼국지》에서도 가장 훌륭한 전략은 싸우지 않고 이기는 것이라고 하지 않았던가. 싸움보다 관계를 통해 더 많은 것을 얻게 됨을 경험해보기 바란다. 이를 통해 8번 유형은 더 성장할 수 있다.

더 크게 생각하면 상대편도 우리 편이다!

8번 유형들은 내 편과 상대편의 구분이 명확하다. 내 생각, 내 의견, 내 주관이 뚜렷하다. 이것은 장점이 될 수도 있지만, 큰 단점이 되기도 한다. 상대편에게는 큰 부담을 안겨주고, 한번 금이 간 관계는 좀처럼 회복되기 힘들다. 요즘처럼 다변화하는 시대에는 적군이었다가도 아군이 되는 법이다. 내일을 알지 못하는 인생에서 이런 흑백논리는 득이 되지 못할 때가 더 많다. 그리고 실제 삶은 회색일 경우가 대부분이다. 그러니 과도한 경쟁과 전투가 벌어질 때 잠깐씩 멈추어 자신에게 물어볼 수 있어야 한다. '내가 틀렸다면…?' 이 질문을 하루에도 몇 번씩 물어야 한다. 크게 생각하면 상대편도 우리 편임을 잊지 말아야 한다.

8번 유형에게 필요한 성구 처방

"사랑은 오래 참고, 친절합니다. 사랑은 시기하지 않으며, 뽐내지 않으며, 교만하지 않습니다. 사랑은 무례하지 않으며, 자기의 이익을 구하지 않으며, 성을 내지 않으며, 원한을 품지 않습니다."

(고린도전서 13:4-5)

"형제자매 여러분, 하나님께서는 여러분을 부르셔서, 자유를 누리게 하셨습니다. 그러나 여러분은 그 자유를 육체의 욕망을 만족시키는 구실로 삼지 말고, 사랑으로 서로 섬기십시오. 모든 율법은 "네 이웃을 네 몸과 같이 사랑하여라" 하신 한마디 말씀 속에 다 들어 있습니다. 그런데 여러분이 서로 물어뜯고 잡아먹고 하면, 피차 멸망하고 말 터이니, 조심하십시오."

(갈라디아서 5:13-15)

"이 모든 것은 하나님에게서 났습니다. 하나님께서는 그리스도를 내세우셔서, 우리를 자기와 화해하게 하시고, 또 우리에게 화해의 직분을 맡겨주셨습니다."

(고린도후서 5:18)

당신의 의견은 소중하다

9번 유형이 관계가 꼬이는 경우

다른 사람에게 간섭당할 때

9번 유형들은 다른 사람들과 조화롭게 잘 지내기를 원한다. 하지만 자기 주관이 뚜렷하고 고집이 있기 때문에 자신이 정말 싫어하는 일은 웬만한 설득에도 움직이지 않는다. 또한, 다른 사람의 이야기를 잘 들어주지만 쉽게 설득당하지 않는다. 이들을 변화시키는 일은 정말 쉬운 일이 아니다.

가까운 동생 B양이 결혼을 한다고 찾아왔다. 상대는 그녀가 그동안 오랫동안 교제해왔던 남자친구였다. 내가 남자친구의 어떤 면이 제일 마음에 드는지 물었다. 그러자 그녀는 자신의 남자친구는 부드러운 마음씨를 가졌고 싸움을 싫어하는 평화주의자라고 했다. 그리고 무엇보다 그녀의 말대로 움직여주는 사람이라고 했다. 그리고 얼마 후 결혼하고 나서 다시 만났는데, 남편이 결혼하는 과정부터 자기의 말대로 움직여주지 않았다고 했다. 고집을 부리기 시작하는데 도저히 꺾을 수 없었다며 한탄을 했다.

사람들은 9번 유형의 부드러운 면모를 보고 쉽고 편하게 생각하지만, 사실 이들은 어떤 의도나 누군가에 의해서 쉽게 바뀌는 사람들이 아니다. 남들의 이런저런 간섭이나 지시를 누구보다 싫어하고 저항하는 사람들이다. 물론 겉으로는 내색하지 않는다. 이들은 수동공격으로 자신을 움직이려는 사람에게 저항의 표시를 한다. 일부러 늦장을 부린다든지, 질문에 대답을 하지 않는다. 확실하게 의사 표현하지 않는 이들의 이런 수동공격이 오히려 주변 사람을 더 힘들게 할 수 있다.

9번 유형 본인도 드러내놓고 정면충돌하거나 겉으로 화를 내지 못하기 때문에 시간이 지나면 스트레스가 쌓이게 된다. 이들은 이런 수동공격의 충동이 느껴질 때 과감히 이 충동을 내려놓아야 성장할 수 있음을 기억하기 바란다. 쉽지는 않겠지만 화가 날 때는 자신의 솔직한 모습을 드러내도록 노력해야 한다.

원치 않는 부탁을 받을 경우, "아니오"라고 바로 대답하는 연습을 해보라. 물론 "아니오"라고 대답하는 것이 이들에게 얼마나 어려운 일인지 알고 있다. 하지만 잠시 갈등의 시간을 견디면 된다. 그것이 서로에게 도움이 된다. 하기 싫은 일에 "예"라고 대답만 하고, 실제로는 계속해서 미적댄다면 관계는 불편해지고 상황은 더 어려워질 것임을 기억하기 바란다. 이를 위해서 연습하라. "아니오!", "아니오!"

일방적으로 통보하거나 당연시할 때

9번 유형은 다른 사람이 원하는 것이 잘 보이기 때문에 대부분의 경우 잘 나서지 않고 양보한다. 원하는 것이 있을 때도 '뭐 굳이 그렇게 내가 원하는 것을 말할 필요가 있나?', '내가 양보하면 다들 편해지잖아'라는 생각에 포기한다. 하지만 9번 유형은 기억해야 한다. 이렇게 양보한다고 모든 일이 다 평화롭게 진행되지 않는다. 오히려 양보하고 자기 주장을 포기함으로써 다른 사람들이 자신에게 더 불필요한 일을 시키고 요구하는 것들이 늘어나게 된다.

동의를 구하지 않고 일방적으로 통보할 때 9번 유형은 속에 화가 쌓인다. 물론 겉으로는 내색하지 않기에 주변 사람들은 잘 눈치채지 못한다. 하지만 이들의 마음속에서는 상대방에게 거리를 두고 점점 멀어질 뿐이다.

9번 유형에게 필요한 에니어그램 처방전

불편한 감정을 구체적으로 말하라!

이들은 기다림의 명수다. 참고 인내하는 데는 이들을 따라올 자들이 없다. 갈등 상황에서 이들이 잘하는 것은 기다리는 것이다. '말해보았자 소용없을 거야'라고 생각하며 갈등을 회피한다. 갈등의 상황을 겪는 것 자체도 이들에게는 스트레스이기에 그냥 참고 넘기려 한다. 하지만 갈등을 피하는 것이 오히려 문제를 더 크게 만들고 해결하기 어렵게 만든다는 것을 기억하기 바란다.

자기 의견을 말하는 것을 두려워하지 말라. 9번 유형이 생각하는 극심한 갈등과 충돌이 다른 사람들에게는 그저 단순한 의견충돌 정도일 수 있음을 알기 바란다. 갈등이 찾아올 때 심호흡을 크게 하고 계속해서 상황을 마주하라. 피하지 말고 정면으로 승부하라. 그것이 갈등을 더 크게 번지게 하지 않는 방법이라고 믿기를 바란다.

자신의 주장이 얼마나 중요하고 도움이 되는지 알기를 바란다. 설사 자신의 주장이 다른 사람의 의견과 반대가 될지라도 자신의 의견을 말하라. 다른 사람들도 그 의견을 들을 권리가 있음을 기억하라. 그렇게 상대방과 자신을 존중할 수 있기를 바란다.

때로는 누군가 자신에게 의견도 묻지 않고 일방적인 통보를 할 때는 자신의 불편한 감정을 말해보라. 그리고 불편한 감정을 말할 때는 두루뭉술하게 말하는 것이 아닌 구체적으로 말해야 한다. "일방적으로 통보받으면 저는 무시당하는 느낌이 들어요. 저를 중요한 사람으로 대해주세요"라고 말하기보다는 "저는 이렇게 일방적으로 통보받는 것보다 의사결정과정에 함께 참여하고 싶어요"라고 좀 더 구체적으로 말하는 것이 좋다.

자기 감정에 솔직하라!

이들은 자신의 몸에 무관심하고 자신에게 찾아오는 부정적인 감정을 무시하고 느끼지 않으려 한다. 하지만 자기 감정을 제대로 아는 것이 스트레스를 줄이는 중요한 요소다. 자기 감정에 솔직해야 한다. 이를 위해 혼잣말이라도 스스로 감정을 표현해보는 것이 좋다. 그리고 감정은 몸과 연결되어 있으니 몸을 자주 움직이고 정기적으로 운동을 하면 좋다. 운동을 할수록 몸은 더 이완되고 자신감도 늘어나게 된다.

몸에 대해 무관심할 때 감정의 억눌림으로 인해 갑작스럽게 화가 나거나 편두통이 잘 생기기도 한다. 몸에 이런 증상이 찾아온다면 더욱 자신의 감정에 솔직해져야 한다. 자신의 감정을 털어놓을 안전한 공간과 믿을 만한 사람과 함께해야 한다. 그것이 스트레스를 줄이고 성장으로 나아가는 발판이 될 것이다.

9번 유형에게 필요한 성구 처방

"하나님께서는 너희 머리카락까지도 다 세고 계신다. 두려워하지 말아라. 너희는 많은 참새보다 더 귀하다."

(누가복음 12:7)

"…너는 차지도 않고, 뜨겁지도 않다. 네가 차든지 뜨겁든지 하면 좋겠다."

(요한계시록 3:15)

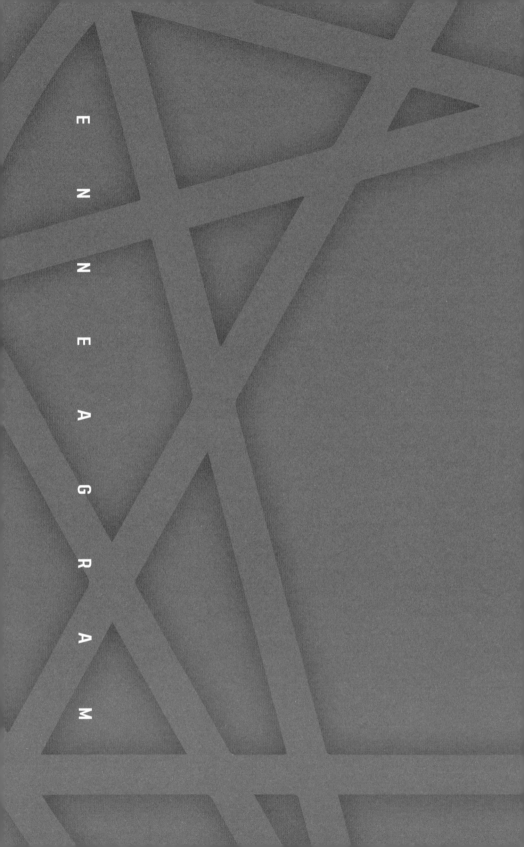

E
N
N
E
A
G
R
A
M

5장

관계는 연습하면
반드시 좋아진다

완벽한 시작은 존재하지 않는다

"당신은 누구입니까?"

잠시 시간을 내어보자. 그리고 이 질문에 대답을 해보라. 영성 세미나나 심리 수업에서 단골로 등장하는 질문이다. 쉬운 듯 쉽지 않은 질문이다. 세상과 자신에 대한 분명한 이해가 있지 않은 이상 자신 있게 대답하기 어렵다.

이 질문에 완벽하게 대답할 수 있는 사람은 사실 많지 않다. 하지만 우리는 삶을 살아가면서 이 질문에 대답할 수 있어야 한다. 왜냐하면, 우리는 이 땅에 각자만의 고유한 사명, 즉 신의 뜻을 가지고 왔기 때문이다. 이를 찾기 위해서는 먼저 이 질문에 대답할 수 있어야 한다.

"자신을 제대로 아는 사람만이 신을 제대로 아는 사람이다."

종교개혁자 장 칼뱅(Jean Calvin)의 말이다. 우리가 이 땅에 온 이상 그 목적대로 살기 위해서는 나 자신을 먼저 제대로 알아야 한다는 것이다.

당신은 자신을 어떻게 정의 내리고 있는가? 또 자신이 내린 정의가 맞는지 삶에서 확인하고 있는가? 자신에 대해 얼마나 알고 있으며, 제대로 이해하고 있는가?

신은 장난꾸러기다. 우리에게 삶의 목적을 그냥 알려주시지 않는다. 각자가 찾아가도록 만드셨다. 우리는 삶의 목적을 알기 위해 인간을 이해해야 하고, 인간을 이해하기 위해 나를 먼저 알아야 한다. '자기를 탐색하는 과정'이 필요하다는 말이다.

매일 자신을 돌아보며 적어보는 시간을 가져야 한다. 이것이 자기 탐색에 큰 도움을 준다. '나'라는 인간이 언제 기쁘고, 어떤 상황에서 편안함을 느끼는지, 어느 순간에 화가 나고, 어떠한 때 만족감을 느끼는지를 적어보라. 감정을 중심으로 적어보라. 머리가 아닌 가슴이 말하는 것을 적어보라. 그러할 때 세상이 옳고 그르다는 기준에 상관없이 '나'라는 존재를 제대로 탐색할 수 있을 것이다.

자기를 탐색하는 데 도움을 주는 MBTI, DISC 등의 여러 성격 검사가 있다. 이 모든 것은 잘 활용할 때 자기를 탐색하는 좋은 도구들이 될 수 있다. 하지만 어떤 것보다 에니어그램이 자기를 탐색하는 데 탁월한 도구라 생각한다. 왜냐하면, 에니어그램은 다른 성격 유형보다 더 깊이 있게 자기를 이해할 수 있게 도움을 주기 때문이다.

요즘은 MBTI가 대세인 것 같다. 학교에서 팀별 과제를 할 때도, 회사에서 신입사원을 뽑을 때도 MBTI를 먼저 물어보는 곳이 많아졌다. 그래서 그런지 강의를 할 때 다음과 같이 질문하는 분들이 많다.

"MBTI와 에니어그램의 차이는 무엇인가요?"
MBTI도 자기 탐색의 훌륭한 도구다. 하지만 둘은 확연히 차이가 있다.

'러너코리아' 도홍찬 대표는 그 차이를 이렇게 설명한다. 첫 번째로, 사람이 태어날 때부터 가지고 태어나는 것을 **'기질'**이라고 한다. 이 기질은 변하지 않는다. 예를 들면, 갓 태어난 아기도 어떤 아기는 많이 예민한가 하면, 어떤 아기는 덜 예민하다. 또 어떤 아기는 활발히 움직이는가 하면, 어떤 아기는 얌전하다. 이처럼 민감성이나 활동성 같은 것은 타고나는 기질이라고 한다.

두 번째로, 자라면서 부모 혹은 형제와의 상호작용으로 형성되는 것을 '**성격**'이라고 한다. 이 또한 변하지 않는다.

세 번째로, 학교나 직장 등 사회관계를 통해 형성되는 것을 '**행동패턴**'이라고 한다. 이것은 환경과 상황에 따라 변할 수 있다. 이 행동패턴을 알려주는 것이 DISC나 MBTI라고 할 수 있다. 그래서 DISC나 MBTI 유형은 변할 수 있다. 자신이 현재 사회생활을 하면서 어떤 관계를 맺고 있느냐에 따라 변할 수 있는 것이다.

그러나 에니어그램의 유형은 변하지 않는다. DISC나 MBTI와는 달리 어린 시절 자라는 과정에서 부모와 형제간의 상호작용으로 형성된 성격을 말하기 때문이다. 달리 말하자면 에니어그램 번호를 알게 되면, 어린 시절의 형성 과정 또한 유추할 수 있게 된다. 그래서 에니어그램은 다른 성격 유형 도구보다 더 깊이 있게 자기를 탐색하는 데 도움을 줄 수 있다.

에니어그램을 공부하기 시작하면 자기 번호를 찾는 과정을 겪게 된다. 자기 번호를 찾을 때, 너무 욕심내지 말자. 차근차근 자신을 탐색해가면서 찾고, 또 찾은 번호로 더 깊이 자기를 탐색하면 된다. 자기 번호를 찾는 것이 목적이 아니라, 자기 탐색이 목적이기 때문이다.

다른 성격 유형 도구와 달리 에니어그램은 진단이 베이스가 아니다. 진단 검사만으로 자기 유형을 확정하지 않아야 한다. 검사지는 참고수단일 뿐이다. 천천히 자기를 성찰하면서 자기 번호를 찾는 것이 중요하다.

에니어그램을 공부하다 보면 어느 순간, '아하' 하는 순간이 찾아온다. '아하, 내 번호는 이거구나', '이래서 내가 그 상황에서 그렇게 행동하고 느꼈던 거구나' 하는 순간들이 찾아온다. 그때 자기 번호를 확신하게 된다. 혹시나 번호를 틀리게 알아도 전혀 잘못되지는 않는다. 그 번호를 자기 번호로 알고 공부하다 보면, 또 그것에 맞게 자기를 성찰할 수 있기 때문이다. 우리에게 중요한 것은 과정이다. 자기를 탐색하고 성찰하는 것이 중요하다. 에니어그램을 꾸준히 알아가다 보면, 결국에는 자신의 번호를 찾게 되어 있다. 그러니 자기 번호를 잘못 알면 어쩌나 하는 염려는 전혀 할 필요가 없다.

20대까지 나는 우물 안의 개구리와 같았다. 내가 바라보는 세상이 다인 줄 알았다. 세상도, 종교도, 관계도.

서른 무렵 에니어그램을 통해 나에 대한 이해가 깊어지자, 타인을 바라보는 나의 시선도, 세상을 바라보는 나의 시선도 변했다. 내 생각이 가장 옳고, 내 종교가 옳고, 내가 생각하는 세상에 대한 이해와 신에 대한 이해가 옳다고 생각했다.

에니어그램을 통해 우물 안에서 한 걸음씩 나오기 시작하자 새로운 세상이 보이기 시작했다. 그렇게 냇가가 보이고, 한 걸음 더 나오니 강이 보이기 시작했다. 이제 조금 더 나아가면 바다가 보이지 않을까 싶다. 그렇게 성장하는 나 자신을 본다. 그 시작은 바로 에니어그램이었다.

에니어그램은 자기 이해의 출발점이다. 자기 이해는 곧 타인을 이해할 수 있게 해준다. 이를 통해 관계 해결의 실마리까지 찾을 수 있게 된다. 그래서 자기를 이해하는 것이 관계를 풀어가려는 우리의 목표를 달성하게 도와주는 것이다.

대신에 한 번에 완벽하게 목표에 도달하려는 욕심은 내려놓는 것이 좋다. 완벽한 시작은 존재하지 않는다. 한 걸음, 한 걸음 나아가면 된다. 방향이 옳으면 된다. 신께서는 평생에 걸쳐서 우리에게 임무를 주셨다. 우리는 삶을 살아가는 내내 자기를 탐색하는 사명을 부여받았다고 생각하라. 엘렌 바스(Ellen Bass)는 이렇게 말했다.

"모든 살아 있는 존재는 자기 자신이 되고자 한다.
올챙이는 개구리가,
애벌레는 나비가,
상처받은 인간은 온전한 인간이 되고자 한다.
이것이 영성이다."

우리는 진정한 자기 자신이 되고자 매 순간 존재한다. 그러니 방향이 옳다면 염려하지 말라. 우리는 평생에 걸쳐 성장할 것이기 때문이다. 잊지 말자. 완벽한 시작은 존재하지 않는다.

네가 아프면 나도 아프다

개인주의 사회가 되어버린 요즘은 각자가 따로 떨어져 있다고 생각한다. 공동체의 일보다 개인적인 일을 더 중요시한다. 혼자를 즐긴다. 혼밥(혼자 밥 먹기), 혼영(혼자 영화 보기), 혼쇼(혼자 쇼핑하기), 혼여(혼자 여행하기) 등 혼자 하는 일들이 더 많아졌다. 하지만 우리는 연결되어 있음을 기억하라. 인간은 혼자 살아갈 수 없는 존재임을 기억해야 한다. 혼자 살아갈 때보다 함께할 때 더 의미 있고, 행복하게 살 수 있음을 알아야 한다. 인생은 나누고 베풀 때 더 의미 있고 풍성해지는 것이다.

얼마 전 손흥민 선수의 토트넘 팀이 내한을 했다. 프리시즌을 맞아 훈련도 하고 친선경기 또한 가졌다. 그런데 선수뿐만 아니라 감독인 안토니오 콘테(Antonio Conte)까지도 한국의 손님맞이 문화에 감동하고 돌아갔다고 한다. 그는 한국 사람들의 '배려'에 감동했다고 한다. 인천공항 입국장에서부터 3,000여 명의 팬들이 토트넘을 반겨주었다. 사인 받을 때도, 사진 찍을 때도 무례하지 않고 선수들에게 물어보면서 질서 있게 기다려주었다고 한다. 또한, 한국 팬들은 호텔이든, 음식점이든, 경기장이든, 가는 곳마다 웃는 얼굴로 친절하게 대해주었다고 한다.

유럽은 가는 곳마다 서비스에 대한 팁을 주는 팁 문화가 있는데, 한국에는 팁 없이도 친절하고 배려하는 서비스에 놀랐다고 했다. 오히려 팁을 주면 괜찮다고 하며 안 받았다고 하면서, 한국 사람들은 팁을 바라는 것이 아니라 손님이 그저 즐겁고 편안하기를 바랐다고 했다. 한국은 예전부터 공동체를 소중히 여기고 손님을 잘 대접했다. 손님을 잘 대접한다는 것은 손님을 남으로 생각하지 않기 때문이다. 결국, 너와 내가 각자가 아니라 하나라는 생각을 가지고 있기 때문이다.

나는 가끔 아프다. 특히나 신경 쓸 일이 생길 때 두통이 찾아온다. 신경을 쓴다는 것은 과도하게 집중을 한 상태다. 나의 능력 이상을 해내려고 욕심부릴 때 신경을 많이 쓰게 된다. 욕심을 조금 내려놓으면 신경을 덜 써도 괜찮은데, 능력 이상의 욕심을 부리며 과하게 애쓰는 나를 종종 본다. 특히나 어린 시절 더 그랬던 것 같다.

그래도 나이를 조금씩 먹어가면서는 그런 욕심이 예전보다는 더 쉽게 내려놓아지는 것 같다. 그런 의미에서 나이를 먹어가는 것도 나쁜 것만은 아닌 듯하다. 욕심을 내려놓을 수 있으니 과하게 신경을 쓰는 것도 줄일 수 있게 된다. 그러면서 자연스럽게 두통도 사라지게 되었다. 내가 더 자연스러워질수록, 내가 나 이상으로 보이려고 애쓰지 않을수록 내 몸과 마음이 편안해지고 건강해졌다. 내가 욕심을 인지하지 못할 때조차도 내 몸은 나의 필요 없는 애씀을 알고 편안하라고, 괜찮다고 말해주고 있는 것이었다. 결국, 내가 성숙해갈수록 아픔도 점점 줄어들게 된다.

한때 마라톤을 뛰며 성취감을 얻어서 삶의 변화를 이루게 되었다는 한 분을 만났다. 그분을 만난 이후, 나도 한 번쯤은 마라톤을 뛰어보아야겠다는 생각이 들어 바로 마라톤 연습에 들어갔다. 한 3~4일을 2시간씩 뛰었을까. 무릎이 아파왔다. 병원에 가보니 갑자기 무리를 해서 그렇다고 했다.

한 일주일 후면 나아질 거라고 했다. 콘크리트 길을 너무 무리하게 뛰어서 그런 것 같았다. 평지를 걸을 때는 그런대로 괜찮았는데 계단을 오르내릴 때 정말 힘들었다. 계단 한 칸을 정말 힘겹게 오르

내렸다. 한 일주일가량 고생한 후 감사하게 내 무릎은 정상으로 돌아왔다. 그 이후로 나는 길을 걷다가 절뚝이거나 다리가 불편해 보이는 분을 보면 남 일 같아 보이지가 않았다. 내 마음이 아플 정도로 그분의 고통을 공감할 수 있게 되었다.

나는 평소에는 남의 아픔에 잘 공감하지 못하는 편이다. 공감하지 못한다기보다는 다른 사람에게 큰 관심을 두려고 하지 않는다. 의도적으로 관심을 갖지 않는 이상 크게 관심 갖지 않는다. 아내 말로는 무심하기까지 하다고 한다. 물론 상담이나 코칭할 때처럼 의도적으로 집중할 때는 다르다. 하지만 평소 생활에서는 타인에 관한 관심이 부족한 편이다. 그런데 내가 한번 아프고 나니 다른 이의 아픔이 남의 아픔같이 보이지 않게 되었다. 아파 본 사람만이 아픈 사람의 마음을 잘 알 수 있다고 하지 않았던가.

2번 유형들은 서비스를 잘하는 유형이다. 별다른 노력을 하지 않아도 다른 사람의 필요를 기가 막히게 알고 도움을 주는 사람들이다. 4번 유형도 서비스를 잘한다. 그런데 2번 유형과는 좀 다르다. 4번 유형은 관심을 갖는 사람에 집중할 때 그 사람의 필요를 어느 유형보다 더 잘 알아채는 유형이다. 그래서 비서 역할을 잘하는 유형이기도 하다. 기업 회장들의 비서로 4번 유형들이 많은 이유다. 평소에는 무심하지만 집중할 때는 무섭게 집중하는 사람이 4번 유형이다. 그래서 상담사나 코치들이 많기도 하다.

상담을 공부하는 동안에는 교수님들께 가끔 칭찬을 들었다. 상담 시 내담자의 아픈 마음을 캐치하는 섬세함과 집중력 때문이었다. 그것은 배움이 아니라 타고나는 것이라며 부모님께 감사하라고 하셨다. 따뜻한 부모님이나 혹은 할머니, 할아버지 덕분일 것이라 하셨다.

대학원을 다니는 동안 여러 좋은 배움이 있었다. 그중에서도 집단 상담을 통해 많은 치유를 목격하고 배우게 되었다. 사람은 나를 이해해주는 안전한 공동체가 있어야 한다. 그리고 그곳에서 자신의 아픔을 공유하기만 해도 상당 부분 치유된다. 이때 유형별로 위로의 방법이 다름을 보았다. 행동력이 있는 장형(8, 9, 1번 유형)은 아픔이 있는 사람에게 다가가 확 끌어안아준다. 가슴형(2, 3, 4번 유형)의 사람들은 따뜻한 말과 뜨거운 눈물로, 그들의 아픔을 공감하고 위로해준다. 머리형(5, 6, 7번 유형)들은 차분히 나의 상태를 분석해주고, 어떻게 치유의 과정을 잘 이겨나가고 있는지 인지하도록 해준다.

집단 상담 과정에 함께 있을 때 의도치 않게 얻을 수 있는 큰 유익이 있다. 그것은 한 사람의 아픔과 치유의 과정을 함께하면, 나의 아픔도 치유받는 경험을 하게 된다는 것이다. 마치 영화나 드라

마의 감동적인 장면에서 함께 눈물 흘리며 카타르시스를 느끼는 것과 같다.

집단을 통해 각자의 아픔이 다 별개가 아님을 알게 된다. 한 사람의 아픔이 우리 모두의 아픔임을 깨닫게 된다. 아픔의 모양이 다를 뿐 우리는 모두 아픔의 여정 가운데 있음을 알게 된다. 그리고 그 아픔은 특별한 방법이 아니라 함께할 때 이겨낼 수 있음을, 지나갈 수 있음을 알게 된다. 우리는 그렇게 연결된 존재임을 깨닫게 된다.

안전한 공동체에서 나의 아픔을 공유할 때, 그 아픔이 치유받을 수 있다. 그때는 나의 아픔은 특별하다는 생각을 내려놓아야 한다. 아무도 나의 아픔을 이해할 수 없다는 생각을 버리길 바란다. 그리고 나의 아픔 전체를 이해받으려는 욕심을 내려놓으면 된다. 각자의 인생은 각기 다르기에 서로가 완벽히 이해할 수는 없다. 설령 완벽히 나의 아픔의 경험이 공유된다고 해도 거기서 치유가 이루어지는 것은 아니다.

치유의 에너지장 안에서는 말하지 않아도 그냥 존재 자체로 치유되는 경험을 한다. 인간은 그런 영적인 존재다. 안전한 집단 안에서 아파하는 한 사람에게 모두가 그의 아픔에 공감해줄 때, 그렇게 집중할 때 치유는 이루어진다.

우리는 정말 하나로 연결되어 있는가? 그렇다. 그것을 배우려고
이 지구별에 온 것이다. 우리는 모두 연결되어 있다. 연결되어 있
다는 것은 다름을 인정하는 것이기도 하다. 다르기 때문에 아름답
다. 같은 종류의 꽃이라고 해도 각기 다 다르다. 한 사람도 같은 사
람이 없다. 다 다르다. 다 특별하다. 다 존귀하다. 다 위대하다. 그
렇게 연결되어 있다. 인생을 통해 그것을 깨달아야 한다.
네가 아프면 나도 아프다.

지혜로운 사람은 에니어그램을 활용한다

카페에서 글을 쓰고 있었다. 카페 창문 너머로 선수처럼 복장을 갖추어 입고 자전거를 타고 있는 어떤 사람이 보였다. 그런데 그 사람은 입에 뭔가를 물고 있었다. 설마 하는 마음에 계속 지켜보게 되었다. 점점 그 사람이 가까워졌다. 드디어 무엇인지 확실히 보았다. 멋지게 라이딩 복장을 갖추어 입고 있는 그 사람의 입에는 바로 담배가 물려 있었다. 정말 깜짝 놀랐다. 물론 자전거 타는 사람이 애연가일 수도 있다. 하지만 심폐기관에 도움을 주는 운동인 자전거를 타면서 정작 심폐기관에 가장 해로운 담배를 피우고 있는 모습은 너무도 어울리지 않았다. 참으로 아이러니했다.

내가 아는 사람은 꼭 저녁을 같이 먹을 때면, 자신은 다이어트를 하고 있다며 안 먹겠다고 한다. 그런데 저녁 9시쯤 되면 도저히 안 되겠다고 하면서 라면 하나를 같이 끓여 먹자고 한다. 나는 그런 모습을 보면서 헛웃음을 짓는다. 다이어트를 한다고 하면서 도리어 더 살이 찌는 밤늦은 시간에 라면을 먹는 모습이 정말 아이러니하기 때문이다. 이는 자신의 목표를 위해 노력하는 듯하지만, 오히려 정반대로 행동하고 있는 것이다. 참 지혜롭지 못하다.

> "아빠, 은찬이가 내 인형을 자기 것이라고 우기면서 뺏어갔어.
> 너무 화나!"

때때로 열한 살짜리 사랑하는 딸에게 문자가 온다. 둘째 녀석이 누나에게 장난을 심하게 치고 있는 것이다. 안 그래도 사춘기에 조금씩 접어들고 있는 예민한 누나인데 말이다. 내가 집에 있으면 야단이라도 칠 수 있겠지만, 지금은 그럴 수가 없다. 그래서 이런 상황에서는 문자를 보낸다.

> 사랑하는 우리 은서, 속상하고 화나겠다. 은찬이가 아직 어리다.
> 그치? 아빠 생각에 이런 때는 '무관심 방법'이 최고야! 그러면 은찬

이는 단순해서 금방 다시 줄 거야. 우리 은서 고생이 많다. 아빠는 은서가 잘할 줄 알고 있어. 은서는 엄마 닮아서 지혜롭잖아!

- 은서가 엄청 보고 싶고, 은서를 제일 사랑하는 아빠가

이렇게 문자를 보내고 나면 곧 "고마워 아빠. 은서도 아빠 사랑해"라고 답이 온다. 아이를 키우면서 매번 느낀다. 아이들도 '지혜롭다'라는 표현에 반응한다. 내면에 지혜로운 사람이 되고 싶은 선한 욕구가 있기 때문이다.

나는 에니어그램을 통해 관계의 지혜를 얻어왔다. 관계의 어려움에 봉착하거나, 어떤 사람의 성격이 이해되지 않을 때면 에니어그램 관련 서적을 다시 펼쳐본다. 특히나 제일 자주 보는 것은 가족들로, 아내와 아들의 번호인 6번 유형, 나와 딸의 번호인 4번 유형을 자주 본다. 그리고 날개에 해당하는 3번 유형과 5번 유형, 그리고 7번 유형을 자주 본다. 그리고 성장 방향인 9번 유형과 7번 유형, 스트레스 방향인 1번 유형과 3번 유형을 살펴본다. 그렇게 되면 번호의 대부분을 살피게 된다. 사실 우리는 모든 유형의 모습들을 다 가지고 있다. 단지 주로 사용하는 것이 자신의 유형일 뿐이다.

그런데 신기한 것은 볼 때마다 새롭다는 것이다. 그전에 안 보이던 내용이 어떤 사건이나 내 상태에 따라서 더 잘 보인다. 그러면 확실히 더 깊이 있는 관계의 지혜를 얻게 된다. 사람은 자신을 객관적으로 바라보기 어렵다. 하지만 에니어그램을 통해서라면 자기 자신을 객관적 입장으로 들여다볼 수 있다. 자기 탐색을 할 수 있는 것이다. 그렇게 자신을 한층 더 이해하며 성장할 수 있다. 그렇게 에니어그램을 통해 지혜를 얻게 되면 다른 사람에게도 도움을 줄 수 있다. 즉, 관계 해결의 실마리를 찾을 수 있도록 도울 수 있다.

하루는 아는 동생이 자기 직장 상사 때문에 어려움을 겪고 있다고 하소연을 했다. 그 직장 상사는 자신의 업무 사수인데, 다른 사람이 볼 때는 안 그러는데 둘이 있을 때면 자신을 하대하고 너무 심하게 막 대한다고 했다. 잘 들어보니 그 직장 상사는 에니어그램 3번 유형인 것 같았다. 성과에 엄청나게 집착해서 주말에도 새벽같이 나와서 나머지 업무를 보는 사람이었다. 게다가 자신이 주말에 나오니 부사수인 그 동생에게도 주말에 나오라고 한다는 것이었다.

그렇게 지낸 지가 벌써 일 년이 넘었다고 했다. 자신의 주말까지 어쩔 수 없이 반납하고 있는 그 동생을 보니 정말 안타까웠다. 그 동생은 에니어그램 9번 유형이라서 웬만하면 참고 넘어가는 유형이다. 그렇게 참고 참다가 도저히 어떻게 할 수 없어 나에게 털어놓은 것이다.

얼마 전, 휴가 관련으로 이런 일도 있었다고 한다. 상사가 먼저 자신이 8월에 휴가를 가기로 해서 그 동생은 7월로 휴가를 정했다고 한다. 비행기와 호텔도 날짜에 맞추어 예약한 상태였다. 그런데 난데없이 그 상사가 아랫사람이 어떻게 먼저 휴가를 갈 수 있냐며 자기가 7월에 가야겠다고 했단다. 그래서 7월에 동생이 가게 된 것은 상사가 먼저 8월에 가겠다고 해서 그런 것이고, 지금 호텔과 비행기도 다 예약한 상태라고 말했다. 그런데도 상사는 자신은 양보할 수 없다며 떼를 쓰고 있다고 했다. 정말 너무 어이없고, 화가 난다고 했다.

그 동생에게 조언을 해주었다. 그 직장 상사의 번호인 3번 유형은 성과에 관련된 것에 민감하고, 이미지에 신경을 쓰는 사람이다. 그러니 단둘이 있을 때 말고, 여러 사람이 있을 때 세게 한번 울음을 터뜨리라고 권해주었다. 그렇게 문제를 공론화시킬 때 3번 유형은 자신의 이미지가 있기 때문에 예전처럼 함부로 대하지 못할 것이기 때문이다.

그 후, 그 동생은 내가 말한 조언대로 실행했더니, 웬만한 문제들이 대부분 해결되었다고 한다. 이처럼 에니어그램을 지혜롭게 잘 활용하면 관계에 큰 도움이 된다.

상대의 유형을 알면 직장에서 스트레스를 덜 받으며 지낼 수 있도록 조언해줄 수 있다. 그렇다면 에니어그램 유형을 어떻게 하면 쉽게 찾을 수 있을까? 에니어그램의 유형을 찾을 때 누구는 쉽게 찾기도 하지만, 어떤 사람은 자신의 유형조차 찾는 것이 쉽지 않다.

이때는 먼저 자신의 유형이 아닌 번호부터 제거해가는 것이 좋다. 1번 유형부터 차례차례 확인해나가다 보면 자신이 아닌 번호는 확실하게 추려질 것이다. 그러고 나면 두세 개 정도의 유형으로 줄어들 것이다. 여기서부터 고민해나가면 된다.

검사지를 사용하면 되지 않느냐고 묻는 사람들이 있다. 물론 검사지도 활용해야 한다. 하지만 검사지는 참고 정도만 해야 한다. 자기 유형은 스스로 직접 찾아가야 한다. 에니어그램은 검사지 베이스로 만들어진 여타 성격 유형과는 다르기 때문이다. 만약에 자신은 스스로 외향형이라고 생각해서 검사지에 그렇게 적었는데, 타인이 보는 시각은 다를 수 있다. 그래서 직접 주변 사람들에게 자기 성격을 물어보는 것도 도움이 된다.

에니어그램을 활용해서 관계의 지혜로 나아가는 모두가 되기를 바란다.

꼬인 관계가 풀려야 인생이 변한다

내가 졸업한 학교인 '치유 상담 대학원'은 학위수여식 때 춤을 춘다. 졸업한 학생만 춤을 추는 것이 아니다. 강단 위에 앉아 있던 교수님들도 박사학위 가운과 박사모를 쓰고 함께 춤을 춘다. 졸업사를 했던 총장님도 함께 덩실덩실 춤을 춘다. 참여한 내빈들도 함께 춤을 춘다. 경건했던 식장이 한순간에 축제로 바뀐다. 우리의 마음을 단단히 싸매고 있던 껍데기를 내려놓고 축제를 즐긴다. 그 열기를 느껴보고 싶다면, 유튜브 검색 창에 '춤추는 학위수여식'을 한번 검색해보라. 긴장감 넘치는 학위수여식에서 춤을 춘다는 것은 마음을 내려놓을 때 가능하다. 굳어 있던 마음을 풀 때라야 가능하다. 풀어야 한다. 풀어야 유연해질 수 있다.

우리 몸과 마음은 유기체다. 연결되어 있다. 마음이 굳으면 몸도 굳는다. 반면 몸이 풀리면 마음도 풀어진다. 우리 몸과 마음은 모두 유기체적으로 연결되어 있기 때문이다. 몸 따로, 마음 따로가 아니라 전체적으로 연결되어 있다. 그래서 미술 치료, 음악 치료, 춤동작 치료, 꿈 치료, 아로마 치료, 컬러 치료 등을 통해 다방면으로 접근해서 심리 치료의 과정에 들어갈 수 있는 것이다.

어린 시절, 나는 여러 사람 앞에 나서는 아이가 아니었다. 어쩔 수 없이 나서면 긴장감에 그냥 멀뚱멀뚱 서 있을 뿐이었다. 거기다 왠지 모를 수치심에 얼굴이 빨개지던 아이였다. 모르는 사람과 함께 춤을 춘다는 것은 상상할 수조차 없는 일이었다. 그랬던 내가 춤동작 치유 세미나를 통해 변하게 되었다. 굳어서 멈추어 있는 내 몸을 보면서 나의 마음이 얼마나 굳어 있는지 자각할 수 있었다. 그것이 계기가 되었다.

스스로 가두어놓은 감옥에서 벗어나자고 마음먹었다. 신기하게도 마음먹은 그 순간부터 변화는 찾아왔다. 물론 어디서부터 오는지는 모르겠지만, 가슴형의 핵심 감정인 수치심이 찾아오는 것은 여전하다. 하지만 그런 감정을 이제는 자연스럽게 받아들이게 되었다. 그렇게 되니 내 몸이 풀어지고 자유로워지면서 자유롭게 춤을 출 수 있게 되었다. 몸이 자유로워지니 마음도 풀어졌다. 내 표정

도 한층 부드러워졌다. 그렇게 의식 수준이 성장하자 관계의 변화
는 자연스럽게 찾아왔다.

이제는 휴일이면 집에서도 아이들과 함께 음악을 틀어놓고 춤을
춘다. 추고 싶은 대로, 몸이 이끄는 대로 춤을 춘다. 아빠가 거리낌
없이 춤을 추면 아이들도 자연스레 춤을 춘다. 아니, 아이들은 원래
걸리는 게 많지 않으니 더 자유롭게 춤을 춘다. 집 안이 어느 순간
축제의 장소로 변한다. 이 순간 우리 집은 천국이다. 나 한 사람의
변화가 가정의 변화로 찾아온다. 한 사람이 풀리면 가정이 변한다.

몸이 풀려야 마음이 풀리는 것처럼, 관계가 풀려야 인생이 변한
다. 관계가 풀리기 위해서는 먼저 마음을 먹는 것이 중요하다. 관
계를 풀겠다는 마음을 가져야 한다. 모든 꼬인 관계의 시작은 나로
부터 시작한다. 모든 변화의 시작은 나로부터 시작된다. 꼬인 관계
를 풀어보겠다고 다짐하라. 그것이 시작점이다. 주의할 점은 관계
가 풀린다는 것은 관계마다 거리가 다름을 먼저 알아야 한다. 모든
관계가 다 친밀할 필요는 없다. 적정한 거리에서 유연하게 관계 맺
으면 된다.

또 어떤 사람과의 관계는 때로 매몰차게 끊어낼 수도 있어야 한
다. 그것이 그 사람과 나를 위한 것이라면 말이다. 우리는 모두를

사랑할 수 있어야 한다. 관계에 따라 사람에 따라 사랑하는 방법이 각기 다를 뿐이다. 어머니의 사랑이 따뜻할 때도 있지만, 때로는 차가울 때도 있다. 자식을 따뜻하게 안아줄 때도 있지만, 자식을 위해 따끔하게 혼을 낼 때도 있는 것이 사랑이다. 관계는 상황에 따라 지혜롭게 풀어가야 하는 것이다.

나는 어린 시절 교회 문화 안에서 자랐다. 좋은 사람들과 좋은 문화 안에서 자란 것은 축복이었다. 하지만 여러 가지 편견도 갖게 되었다. 그중에 하나는 모두에게 착하게 행동해야 한다는 것이었다. 교회에서는 내가 좀 손해 보더라도 양보하는 것이 미덕이라고 했다. 사랑이라는 이름으로 남을 살피는 것이 나보다 중요하다는 것이었다. 그렇게 정작 '나'는 점점 사라져갔다. 의식적, 그리고 무의식적으로 나보다 남을 생각하는 것이 더 중요하다는 생각이 주입되었다.

하지만 나보다 더 중요한 것은 없다. 이기적이 되라는 말은 아니다. 하지만 양보도, 배려도, 사랑도 '나' 없이는 해서는 안 된다. '나' 없는 사랑은 이미 사랑이 아니다. 관계에서는 '나'를 잃는 순간, 다 잃어버린다.

어디선가 들은 이야기다. 어떤 시장 골목에 약국이 하나 있었다.

어느 날 한 할머니가 불쌍한 표정으로 약국 안으로 들어왔다. 그리고 약국 앞 한쪽에 작게 채소를 좀 팔게 해달라고 했다. 약국 주인은 비루한 옷차림의 할머니를 보니 불쌍한 생각이 들어서 흔쾌히 허락했다. 처음에는 한쪽에서 채소 몇 개만 팔았다. 며칠이 지나자 채소 종류가 조금 늘어났다. 그리고 며칠이 더 지나자 과일까지 팔기 시작했다.

판매 종류가 늘어날수록 할머니가 차지하던 자리도 함께 늘어났다. 약국 주인은 자신에게 묻지도 않고 점점 자리를 늘려가는 것이 마음에 걸리기는 했지만, 그래도 크게 불편하지 않으니 그냥 두었다. 그리고 한 달이 지났다. 할머니가 파는 품목이 더 늘어났다. 결국, 약국 입구까지 자리를 차지해버렸다. 약국을 드나드는 손님들조차 불편해하고, 약국 입구도 잘 보이지 않게 되니 매상에도 영향을 주게 되었다.

약국 주인은 더 이상은 안 되겠다 싶어서 할머니에게 약국에 손님이 들어올 때 불편할 수 있으니 조금만 치워달라고 했다. 그러자 할머니는 불쾌한 표정을 지으며, 주변 사람들 들으라고 큰소리로 노발대발했다. 텃세를 부린다느니, 자기를 무시한다느니, 처음 이야기한 것과는 다르다느니 하고 말이다. 약국 주인은 어이가 없었다. 하지만 할머니가 "불쌍한 노인네를 먹고살지도 못 하게 한다"

라며 언성을 높이자 주변 사람들은 약국 주인을 오해하기 시작했다. 그 이후로 약국 주인은 몇 번을 더 할머니에게 요구했지만, 해결하지 못하고 자신만 나쁜 사람으로 오해받는 상황이 계속되었다.

양보도, 배려도, 사랑도 '나'를 먼저 챙긴 후에 해야 한다. 그래야 뒤탈이 없다. 영화배우 류승범이 영화 〈부당거래〉에서 한 명대사다.

"호의가 계속되면 그게 권리인 줄 알아요."

잊지 말자. 인생에서 '나'보다 더 소중한 것은 없다. 그리고 나를 소중히 여기기 위해서는 나를 제대로 알아야 한다. 내가 정말 좋아하는 것과 잘할 수 있는 일은 무엇인지, 스트레스받는 상황은 어떤 때이고 왜 그런 것인지, 또 그 상황을 어떻게 하면 지혜롭게 해결해 나갈 수 있는지를 알아야 한다.

그리고 이를 위해 관계에 관심을 가지고 계속해서 배워나가야 한다. 에니어그램을 배우면 사람에 대해 배우게 된다. 그리고 관계의 지혜를 얻게 된다. 나를 알게 되는 지혜를 배우고, 남을 이해할 수 있는 지혜를 배울 수 있게 된다. 그러면 자연스럽게 꼬인 관계가 풀리고 인생이 변하는 경험을 하게 된다.

사실, 관계가 어려운 이유는 사람을 이해하는 자신의 수준이 낮기 때문이다. 이 수준이 높아지면 자연스레 관계는 변하게 된다. 에니어그램을 통해 자신의 수준을 성장시켜야 한다. 내 수준이 성장하면 꼬인 관계가 풀리고, 반드시 인생의 변화가 찾아올 것이다.

여러분의 삶에 변화가 시작되기를 진심으로 응원한다.

에니어그램 유형 간단 찾기
(리소-허드슨 테스트)

테스트 안내사항

1. 다음에 나오는 두 그룹의 진술에서 평소 당신의 태도와 행동을 가장 잘 반영한다고 여겨지는 진술을 하나씩 고른다.
2. 모든 말과 문장에 80~90%에 동의하면 한 개를 고른다.
3. 당신의 선택에 100% 동의할 수 없어도 직관이 옳다고 판단 내리는 것을 선택한다.
4. 한 그룹에서 무엇인지 결정할 수 없으면 두 개를 선택할 수 있다. 그러나 반드시 한 그룹에서만 두 개를 선택한다.

   예) 그룹 1에서 C, 그룹 2에서 X, Y를 선택하는 식

그룹 1

A

· 나는 독립적인 편이고 자기주장을 잘한다.

· 나는 상황에 정면으로 맞설 때 삶이 잘 풀린다고 느낀다.

· 나는 목표를 설정하고 그 일을 추진해나간다. 그리고 그것이 성취되기를 원한다.

· 나는 가만히 앉아 있는 것을 좋아하지 않는다.

· 나는 큰일을 성취하고 영향력을 행사하기를 원한다.

· 나는 정면 대결을 원하지는 않지만, 사람들이 나를 통제하는 것도 좋아하지 않는다.

· 대개의 경우, 나는 내가 원하는 것을 잘 알고 있다.

· 나는 일도, 노는 것도 열심히 한다.

B

· 나는 조용하게 혼자 있는 것을 좋아한다.

· 나는 사회적인 활동에 주의를 쏟지 않으며, 대체로 내 의견을 강하게 주장하지 않는다.

· 나는 앞에 나서거나 다른 사람과 경쟁하는 것을 그리 좋아하지 않는다.

· 사람들은 나를 몽상가라고 말한다.

· 내 상상의 세계 안에서는 많은 흥미로운 일들이 벌어진다.

· 나는 적극적이고 활동적이라기보다는 조용한 성격이다.

C

· 나는 아주 책임감이 강하고 헌신적이다.

· 나는 내 의무를 다하지 못할 때 아주 기분이 나쁘다.

· 나는 사람들이 필요할 때 그들을 위해 내가 그 자리에 있다는 것을 알아주었으면 좋겠다.

· 나는 그들을 위해 최선을 다할 것이다.

· 이따금 나는 사람들이 나를 알아주든, 알아주지 않든 그들을 위해 큰 희생을 한다.

· 나는 나 자신을 제대로 돌보지 않는다.

· 나는 해야 할 일을 한 다음에 시간이 나면 휴식을 취하거나 내가 원하는 일을 한다.

그룹 2

X

- 나는 대개 긍정적인 자세로 생활하며 모든 일이 나에게 유리한 쪽으로 풀린다고 느낀다.
- 나는 나의 열정을 쏟을 수 있는 여러 가지 방법을 찾는다.
- 나는 사람들과 함께하고 사람들이 행복해지도록 돕는 것을 좋아한다.
- 나는 나와 마찬가지로 다른 사람들도 잘 지내기를 바란다.

  (항상 기분이 좋은 것은 아니다. 그러나 나는 다른 사람에게 그렇게 보이기를 원한다)

- 나는 다른 사람들에게 항상 긍정적으로 보이고자 노력하기 때문에 때로는 나 자신의 문제를 다루는 것을 미루기도 한다.

Y

- 나는 대부분의 상황에 대해 강한 감정을 갖는다.
- 대부분의 사람들은 내가 모든 것에 대해 불만을 갖고 있다고 생각한다.
- 나는 내가 어떤 사람인지, 무엇을 기대할 수 있는지를 알기 원한다.

· 어떤 일에 내가 화가 났을 때 나는 사람들이 그것에 대해 반응하고 나만큼 그 일을 해결하려고 노력해주기를 원한다.

· 나는 규칙을 알고 있다.

· 하지만 사람들이 내게 무엇을 하라고 지시하는 것을 좋아하지 않는다.

· 나는 나 스스로 결정하기를 원한다.

Z

· 나는 스스로를 잘 통제하고 논리적이다.

· 나는 느낌을 다루는 것을 편안해하지 않는다.

· 나는 효율적이고 완벽하게 일을 처리하며 혼자 일하는 것을 좋아한다.

· 문제나 개인적인 갈등이 있을 때 나는 그 상황에 감정이 끼어들지 않도록 한다.

· 어떤 사람들은 내가 너무 차고 초연하다고 말하지만, 나는 감정 때문에 중요한 일을 그르치고 싶지 않다.

· 나는 사람들이 나를 화나게 할 때 대부분의 경우 반응을 보이지 않는다.

결 과 해 석

결합 문자	성격 유형	성격 유형의 이름과 주요 특성
AX	7	**낙천가** : 쾌활함, 충동적, 성취 지향적
AY	8	**지도자** : 자신감, 결단력, 남을 지배하려 함
AZ	3	**성취가** : 적용을 잘함, 야망이 있음, 자신의 이미지를 중시함
BX	9	**평화주의자** : 수용적, 다른 사람을 편안하게 해줌, 스스로 만족함
BY	4	**예술가** : 직관적, 심미적, 자신 안으로 빠져들게 됨
BZ	5	**사색가** : 지각 능력이 뛰어남, 혁신적, 남들과 떨어져 있음
CX	2	**조력가** : 남들을 잘 보살핌, 너그러움, 소유욕이 강함
CY	6	**충성가** : 붙임성이 있음, 책임감이 강함, 방어적
CZ	1	**개혁가** : 이성적, 원칙적, 자기관리에 철저함

참고문헌

김태홍 외 3인, 《에니어그램 코칭 리더십》, 파라북스

고영순, 《페르소나의 진실》, 학지사

도홍찬, 《굿바이, 잡 스트레스》, 타임스퀘어

돈 리처드 리소, 러스 허드슨, 《에니어그램의 이해》, 드림넷미디어

돈 리처드 리소, 러스 허드슨, 《에니어그램의 지혜》, 한문화

리처드 로어, 안드레아스 에베르트, 《내 안에 접힌 날개》, 바오로딸

문요한, 《관계를 읽는 시간》, 더퀘스트

신유진, 《에니어그램으로 말해요 우리 아이 속마음》, 한국경제신문i

이병창, 《에니어그램을 넘어 데카그램으로》, 정신세계사

이안 모건 크론, 수잔 스테빌, 《나에게로 가는 길》, 두란노

임정희 외 12인, 《나를 알고 너를 담는다》, 지식과 감성

카로린 바트레트, 《에니어그램 실제 가이드》, 한국에니어그램교육연구소

꼬인 관계를 풀어주는
에니어그램 관계 수업

제1판 1쇄 2023년 1월 2일

지은이 고재석
펴낸이 최경선 **펴낸곳** 매경출판(주)
기획제작 ㈜두드림미디어
책임편집 최윤경, 배성분 **디자인** 얼앤똘비악earl_tolbiac@naver.com
마케팅 김성현, 한동우, 장하라

매경출판㈜
등록 2003년 4월 24일(No. 2-3759)
주소 (04557) 서울시 중구 충무로 2(필동1가) 매일경제 별관 2층 매경출판㈜
홈페이지 www.mkbook.co.kr
전화 02)333-3577
이메일 dodreamedia@naver.com(원고 투고 및 출판 관련 문의)
인쇄·제본 ㈜M-print 031)8071-0961
ISBN 979-11-6484-498-2 (03180)